『韓非子』入門

術法勢

Watanabe Yoshihiro
渡邉義浩

ミネルヴァ書房

はじめに

中国前三世紀の戦国時代《せんごくじだい》（前四〇三〜前二二一年）の末期を生きた韓非《かんぴ》（韓非子、前二八〇年？〜）は、韓の公子《こうし》（嫡子ではない王子）です。しかし、「戦国の七雄《しちゆう》」の中で最弱の韓の強大化を目指す韓非の思想は、韓王には受け入れられませんでした。一方で、韓非の思想に感銘を受けた秦王の政《しんおうのせい》（のちの始皇帝《しこうてい》、在位前二二一〜前二一〇年）は、勢力を拡大して韓を滅ぼそうとします。韓の使者として政を止めようとした韓非は、説得に失敗して牢獄で殺されました。それでも、韓非の思想は、中国を最初に統一した秦の中心思想として、今も続く中国の中央集権的な国家体制の根幹を支えています。本書は、韓非の思想の中核となる「術《じゅつ》」・「法《ほう》」・「勢《せい》」を『韓非子』の説話による説得術にも注目しながら解説していくものです。

『韓非子』の説話は、自らの主張に説得力を持たせるために用いられています。日本でも使われている矛盾《むじゅん》・逆鱗《げきりん》・守株《しゅしゅ》などの故事成語《こじせいご》は、『韓非子』の説話から生まれました。前漢《ぜんかん》の武帝《ぶてい》（在位前一四一〜前八七年）の時に『史記《しき》（太史公書《たいしこうしょ》）』を著した司馬遷は、韓非に強い共感を抱き、韓非の生涯を悲劇と捉えて、『韓非子』説難篇《ぜいなんへん》を中心に韓非の伝記を描きます。「戦国の七雄」の中で最弱であった韓の公子、しかも不遇の公子という不安定な地位の中で、韓非が記した君主への説得術に、司馬遷は強い興味を抱いたのです。

『韓非子』は、君主と臣下の両側面から、法術の士が君主に用いられる方法を説いています。一つは、君主への献策に失敗した司馬遷が深く感動した臣下側から君主を説得する方法で、まわりに惑乱《わくらん》されている君主に向かって説き聞かせる術が、説難篇に描かれています。もう一つは、君主の視座から見たもので、君主が臣下の力を見抜く必要性を孤憤《こふん》篇で強く説いています。秦王政が感激したという「参験《さんけん》」（刑名参同《けいめいさんどう》）を手段に用いて、臣下の実力を見抜く方法です。『韓非子』は、そうして登用された法術の士によって、君主の権力を伸長させるべきことを主張しました。

また『韓非子』は、揚権《ようけん》篇では、君主権力が「道《みち》」と同じであると説いています。ここには、「道」を万物の根源で最高の存在と考える道家《どうか》の『老子《ろうし》』の思想の影響が強く見られます。そして、五蠹《ごと》篇では、学者・言談《げんだん》者・帯剣《たいけん》者・患御《かんぎょ》者・商工の民を国を蝕《むしば》む五つの悪い虫（五蠹）として排斥します。そこには、儒家《じゅか》・墨家《ぼっか》・縦横《しょうおう》家への批判と、『韓非子』に先行する『老子』・『荀子《じゅんし》』、商鞅《しょうおう》の「法」・申不害《しんふがい》の「術」・慎到《しんとう》の「勢」という諸思想からの影響が見られます。後世、儒家と位置づけられる荀子は、韓非の師とされていますが、西欧のアリストテレスのような総合的哲学者、「諸子百家《しょしひゃっか》」の集大成者でした。韓非は、荀子から何を学んだのでしょうか。

申不害から継承する「術」については、内儲《ないちょ》説篇上で七つの「術」による君主権力の確立を主張し、商鞅から継承する「法」について、顕学《けんがく》篇で自然法や正義ではなく、実定法に基づく法治を主張する特徴的な法思想が述べられ、慎到を継承する「勢」は、難勢篇《なんせいへん》のほか外儲《がいちょ》説右篇上でその徹底的な活用が述べられます。

本書は、韓非の生涯を追った後に、その説得術、道と君主との関係、儒家・墨家への批判、臣下を統御する「術」、賞罰の基準である「法」、権力の淵源となる「勢」を明らかにして、始皇帝が韓非の思想に惚《ほ》れ込んだ理由を探っていくものです。

二〇二四年六月

渡邉義浩

『韓非子』入門　目次

【凡例】
・引用文の（　）は、訳者が補った。
・……は、中略の意。

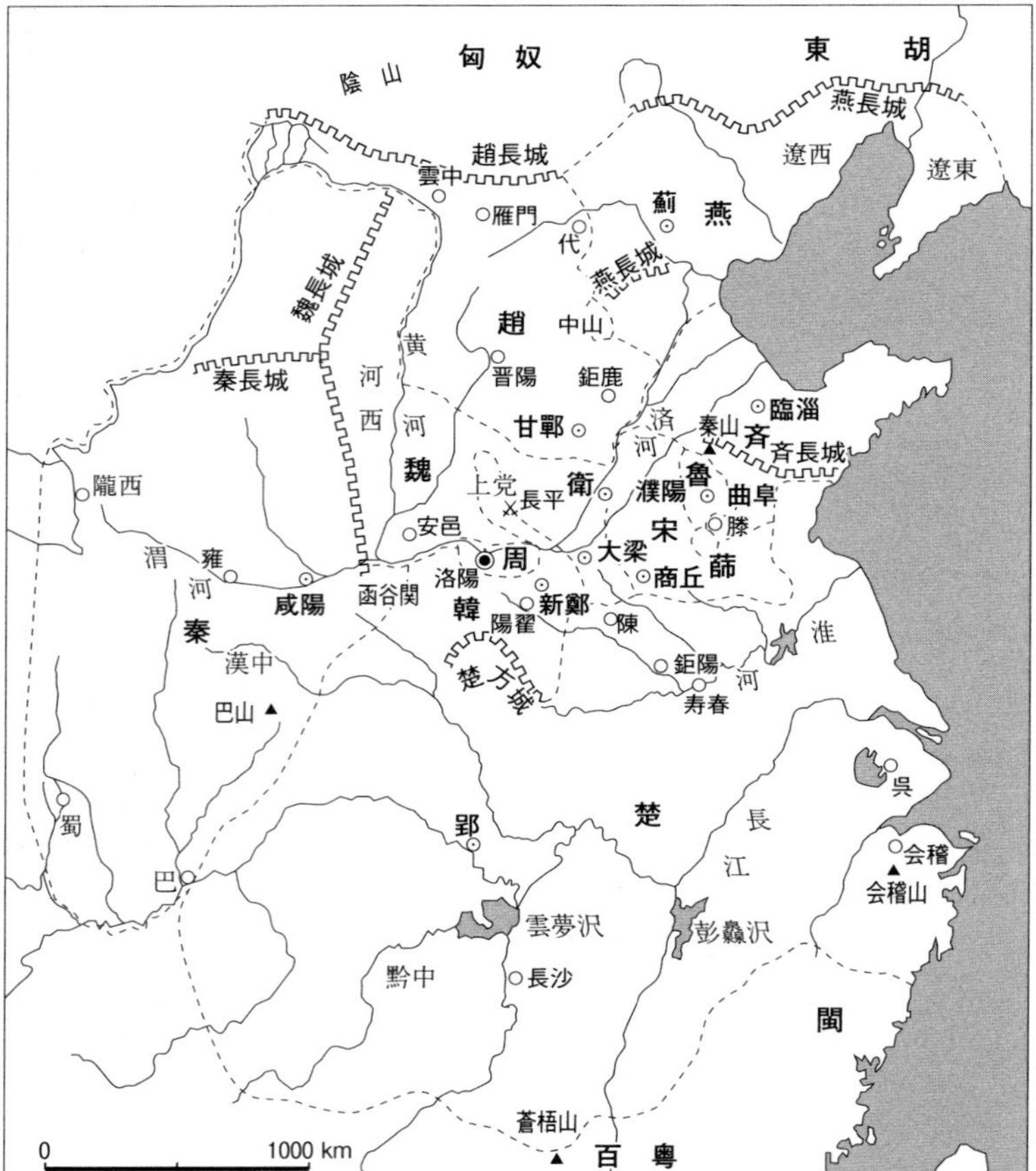
匈奴
東胡
陰山
燕長城
趙長城
遼西
遼東
雲中
雁門
薊
燕
代
燕長城
魏長城
趙
中山
黄
河
晋陽
鉅鹿
秦長城
河
西
河
甘鄲
済
河
臨淄
泰山
斉
斉長城
魏
上党
長平
衛
濮陽
魯
曲阜
隴西
安邑
宋
滕
渭
河
雍
周
大梁
洛陽
商丘
薛
咸陽
函谷関
韓
新鄭
秦
陽翟
陳
漢中
楚方城
鉅陽
淮
河
寿春
巴山
呉
蜀
郢
楚
長
江
会稽
会稽山
巴
雲夢沢
彭蠡沢
黔中
長沙
閩
蒼梧山
0
1000 km
百粤

戦国時代

序　章　説話を用いた説得術

説話を用いる

『韓非子』は、法術を論じた文章を中心としますが、その議論を説得的にするために、多くの説話を用いています。説林《ぜいりん》篇上・下、内儲《ないちょ》説篇上・下、外儲《がいちょ》説篇左上・左下・右上・右下、難《なん》篇一・二・三・四、十過《じっか》篇、喩老《ゆろう》篇など、内容的に説話を主とする長篇もあり、その占める割合は、『韓非子』全五十五篇の約半分に及びます。このように議論を中心としながらも、説話を多く用いる理由は、『韓非子』が諸子百家《しょしひゃっか》の活躍した時代の最末期に成立したことに求められます。既存の諸学派に対抗しながら、君主に自説を認められるには、人の心を打つ、斬新で説得的な主張を必要とします。本来、そうした内容を持つ説話は、縦横《しょうおう》家に代表される説客《せっかく》が用いるものでしたが、韓非の個性と相俟《あいま》って、それが読み物として描かれたと考えてよいでしょう。韓非は吃音《きつおん》でしたので、自らの主張を説得的に話すことができませんでした。そのため、自らの思いを説話によって表現しようとしたのです。比喩的な寓言《ぐうげん》や、歴史を背景とする説話は、韓非の主張に高い説得力を与えています。

また、韓非が説く法術《ほうじゅつ》思想が、哲学的な思弁を抽象的に語るものではないことも、説話を用いた大きな理由でしょう。説話は、韓非の現実への見方、具体的には、事象を生態の中で捉えていく韓非の思想を表現するために、有利な説得方法でした。したがって、人と人との関係、国と国との関係が利害打算から錯綜している説話の中に、韓非の人間観や社会観が含まれているのです。

矛盾

それでは、『韓非子』の説話の中で、最も有名な「矛盾」を取り上げていきましょう。

楚《そ》の人で楯《たて》（盾）と矛《ほこ》を売る者があった。楯を自慢して、「わが楯の堅固なことは、どんなものでも突き抜くことができない」と言った。また、矛を自慢して、「わが矛の鋭いことは、どんなものでも突き抜けないものはない」と言った。ある人が、「ではお前の矛でお前の楯を突いたらどうなるのか」と尋ねた。楚の人は答えることができなかった。

（『韓非子』難一）

故事成語《こじせいご》と改めて言うまでもないほど、日本語の中に「矛盾」という言葉は、完全に溶け込んでいます。ただし、この説話は右に引用した部分だけで記されているわけではなく、前後があります。この話の前に、『韓非子』は、儒家《じゅか》が聖人《せいじん》と尊ぶ尭《ぎょう》（帝尭陶唐《とうとう》氏）と舜《しゅん》（尭より禅譲を受けたとされる天子、帝舜有虞《ゆうぐ》氏）の説話をあげています。

舜が天子になると、その徳により農業をする者は一年で田の境を争わなくなり、漁業をする者は一年で漁場を争わなくなり、これを後世に孔子《こうし》が称《たた》えた、とする説話です。そこで『韓非子』は、それでは農民や漁民が争っていた時代の天子は誰だ、と問わせます。それは、儒家の聖人である尭です。天下が舜を待ってはじめて治まったのであれば、尭は天下をよく治めていないことになります。逆に、尭が天下をよく治めていれば、舜が農民や漁民を教化する必要はありません。すなわち、尭と舜は、聖人として並び立たない矛盾した存在である、という主張に説得力を持たせるため「矛盾」の説話を掲げているのです。

ぐずぐずと尭や舜の政治の具体的なあり方を説明していても、読者はいま一つ『韓非子』の主張を理解できません。そこで、「矛」と「楯」を売る者の説話を入れて、儒家の「矛盾」を明確にしたのです。

『韓非子』は、続けて次のように述べています。

そもそも突き抜くことのできない楯と、何でも突き抜く矛とは、同じ世ではあり得ないことである。いま尭と舜を同時に褒められないのは、矛と楯の話と同じである。それに、舜が悪いところを改めたといっても、一年でやっと一回、三年でようやく三回である。舜は何人もおらず、その寿命には限りがある。天下の悪は已《や》むことがない。限りあるもので、已むことのないものを追っても、禁止できる悪は数が知れている。それに対して、賞罰は、天下が必ず言うことを聞くようにさせることができる。①法令を出して、「物事の基準に当たる者は賞し、当たらない者は誅す」と言えば、法令が朝に届けば暮には改まり、暮に届けば朝には改まる。十日たてば天下のすべてが改まるであろう。一年も掛かることはない。それなのに舜は、これを尭に勧めて、民が尭に従うようにせず、自分でこつこつ働いた。②なんと「術」のないことか。それに、そもそも体を使って苦労して、始めて民を感化できるというのでは、尭・舜であっても難しい。③権勢の位にあって、下々にお触れを出すのは、凡庸の君主でもたやすく出来る。天下を治めようというのに、凡庸な君主にも易しいことを捨て、尭・舜でも難しいことに依拠するのでは、共に政治を語れない。

（『韓非子』難一）

「矛盾」の説話を使って尭と舜を同時に褒める儒家の矛盾を指摘した『韓非子』は、そののちに法家の優位性を主張します。すなわち、舜が一年に一回しかできない教化に対して、法家は①「法」令に賞罰を示すことで十日で実現できる、とするのです。それを君主の②「術」として用いない儒家とは、共に政治を語ることなどできません。③権「勢」を利用すれば、凡庸な君主であっても天下を治めることができるからです。

このように『韓非子』は、矛盾の説話のあとで、自らの尊重する「法」と「術」と「勢」の優位性を掲げています。矛盾の説話があるからこそ、『韓非子』の主張に説得力が生まれるのです。こうした説得術は、諸子百家が討論しあい、諸国に遊説をする中で発達しました。それでは、『韓非子』の思想を見ていく前に、諸子百家とかれらが活躍した戦国時代を概観しておきましょう。

第一章　戦国の七雄と諸子百家

戦国の七雄

秦《しん》王の政《せい》（始皇帝）によって統一される戦国《せんごく》時代は、その前の春秋《しゅんじゅう》時代（前七七〇～前四〇三年）とあわせて約五百年間の分裂の時代です。「戦国《せんごく》の七雄《しちゆう》」の中で、最も後進的であった秦が中国を統一できた理由は、騎馬民族の戦法を取り入れ、有能な他国出身者を用いたことにもあります。ですが、最も重要な理由は、新興国のため弱体であった氏族《しぞく》制（祖先を共通と考える血縁集団）の規制力を商鞅《しょうおう》の変法により打ち破ったことにあります。春秋・戦国時代より前の殷《いん》（前一七世紀～前一一世紀）・周《しゅう》（前一一世紀～前二五六年）という国家は、城壁に囲まれた邑《ゆう》という小さな氏族共同体の連合体で、中国の特徴となる強大な君主権力が、中央集権的に国家を支配するものではありませんでした。秦の始皇帝が、中央集権的な官僚制国家のもと、強大な君主権力を掌握できたのは、春秋・戦国時代の五百年間に、牛耕《ぎゅうこう》と鉄製農具の普及により、生産力が増大して広大な領土を支配可能になったことと、君主権力の強大化により邑が持っていた氏族的な結合関係を打倒できたことを主な要因とします。

生産力の発展に伴い、戦国時代には、生活必需品である塩と農耕に必要不可欠な鉄を販売する商人が、巨大な富を蓄えるようになりました。商業の発達により、戦国の諸国は、それぞれ貨幣を鋳造しました。斉《せい》・燕《えん》では刀の形に似た刀銭《とうせん》、趙《ちょう》・魏《ぎ》・韓《かん》の「三晋《しん》」では鉄製農具を模した布銭《ふせん》、楚《そ》では蟻鼻銭《ぎびせん》、秦では、はじめ布銭、やがて環銭《かんせん》が流通します。金が出土する楚では、金製の鋳貨も用いられました。国という単位ではなく、地域ごとに貨幣が異なるのは、それぞれの地域ごとに経済圏が成立していたからです。斉の臨淄《りんし》・趙の邯鄲《かんたん》・楚の郢《えい》・秦の咸陽《かんよう》といった各国の都は、それぞれの経済圏の中心として繁栄していました。当初、布銭を使用していたことは、秦が「三晋」の経済圏に属していたことを示しているのです。こうした経済圏の拡大もまた、中国の統一を求めた要因の一つでした。

それでは、時代を追いながら、燕・斉・趙・魏・韓・楚という、秦以外の「戦国の七雄」の歴史を見ていきましょう。

魏の覇権

「戦国の七雄」の中で、最初に力を持った国は、魏でした。趙と魏と韓は、春秋時代に最大の国家であった晋から下克上《げこくじょう》により独立した国です。晋の三国による分割自体は、前四五三年の晋陽《しんよう》の戦いを契機としますが、戦国時代を前四〇三年からと規定するのは、周の威烈王《いれつおう》が、この下克上を承認して、趙籍《ちょうせき》（烈侯《れっこう》）・魏斯《ぎし》（文侯《ぶんこう》）・韓虔《かんけい》（景侯《けいこう》）を正式な諸侯としたことを重視するためです。春秋時代までは、斉の桓公《かんこう》・晋の文公《ぶんこう》という覇者《はしゃ》が「尊王攘夷《そんおうじょうい》」を唱えたように、すでに力を失っていた周王を覇者は尊重していました。しかし、周王が自ら下克上を認めたことで、周王の権威は地に落ちます。北宋《ほくそう》時代（九六〇～一一二七年）に、『資治通鑑《しじつがん》』という歴史書を著した司馬光《しばこう》は、これを重視して前四〇三年を春秋と戦国の分岐点としました。「富国強兵《ふこくきょうへい》」を達成できた国が、他国を滅ぼしていく戦国時代は、ここから始まるのです。

戦国時代で最初に覇権を握ったのは、魏の文侯《ぶんこう》（魏斯《ぎし》）でした。文侯は、孔子の弟子である子夏《しか》を師として西河《せいか》学派を作り上げ、その一人である李悝《りかい》（李克《りこく》）を用い、成文法《せいぶんほう》を制定して富国強兵を成し遂げます。また、兵法家の呉起《ごき》（呉子、『呉子』の著者とされる）を登用し、当時最強の軍を作りあげ、秦・斉を撃破しました。将軍の楽羊《がくよう》（こののち燕将として活躍する楽毅《がくき》の祖先）は、中山《ちゅうざん》国を滅ぼしています。さらに、鄴令《ぎょうれい》となった西門《せいもん》豹《ひょう》は、河伯《かはく》（黄河の神）の祭祀を利用して私腹を肥やしていた支配者層を打倒し、治水灌漑により農業生産力を高めました。こうして前四〇三年、文侯は韓と趙を従えて、周の威烈王から諸侯に認められて、戦国時代を開幕させたのです。

前三七八年、三晋が旧主君の晋公《しんこう》を滅ぼしたことを皮切りに、韓の哀侯《あいこう》が鄭《てい》を併合するなど諸侯の兼併が進展します。哀侯の孫の釐侯《きこう》（昭侯《しょうこう》）は、法家の申不害《しんふがい》を登用します。申不害は、法を整備し、公平な論功行賞により君主権力の強化に努めました。後に韓の公子に韓非が現れ、法家思想を集大成する背景には、釐侯の申不害重用から始まる韓の法家尊重があるのです。

魏の覇権は、前三五三年、恵王《けいおう》が趙の邯鄲《かんたん》を攻めていた背後を斉の孫臏《そんひん》に衝《つ》かれ、桂陵《けいりょう》の戦いに敗北したことを機に衰退します。それでも、魏の恵王は「夏王《かおう》」と称しました。覇者ではなく「王」となり、周に代わる新たな権威を創出しようとしたのです。しかし、前三四一年、韓を攻めていた背後を再び斉の孫臏に衝かれ、馬陵《ばりょう》の戦いでも大敗します。こうして魏の覇権は失われ、こののち諸国が王と称していくのです。

斉と燕

魏を破った斉は、春秋時代の呂斉《りょせい》（開祖は太公望呂尚《たいこうぼうりょしょう》）を田和《でんか》が下克上した田斉《でんせい》です。田斉の第三代の威王《いおう》が、兵家《へいか》の孫臏《そんぴん》を登用して、二度にわたり魏を破って、その覇権を奪ったのでした。威王は、諸子百家《しょしひゃくか》と総称される思想家たちの重要性に鑑みて、「稷下《しょくか》の学」（王立学士院）を設立しました。斉《せい》の都臨淄《りんし》の西門の一つである稷門《しょくもん》の近く（稷下、下は付近という意味）に諸子百家たちの邸宅を建て、多額の資金を支給して、学問・思想の研究と著述に当たらせたのです。

諸子百家《しょしひゃくか》は、春秋末期から戦国にかけて活躍した思想家を総称する言葉で、子は先生、百家は流派の多さを象徴的に示します。諸子百家は、孔子《こうし》を開祖として孟子《もうし》・荀子《じゅんし》に継承された儒家《じゅか》、老子《ろうし》・荘子《そうし》の道家《どうか》のほか、陰陽家《いんようか》・法家《ほうか》・名家《めいか》・墨家《ぼくか》・縦横家《しょうおうか》・雑家《ざっか》・農家《のうか》の九流に分類されます。

九流の諸子は、「稷下《しょくか》の学」などでの交流を通じて、説話の比喩や弁舌の論理を磨き、相手の理論を自己の主張に組み入れ、他派より優位に立とうとしました。そうしたなか、陰陽家の鄒衍《すうえん》（騶衍、前三〇五～前二四〇年）は、終始五徳説《しゅうしごとく》を述べ、国家を含めた万物の交替が五行、すなわち水・火・金・木・土の五つの徳の転移によって起こるとして、東アジアの宇宙論の基礎を定めます。また、名家の公孫竜《こうそんりゅう》は、「白馬非馬」論（白馬は、馬という概念には含まれない）により、名・実の概念を論理学的に追求し、農家の許行《きょこう》は、君主も民も共に農耕すべきという君民並耕説を述べました。また、蘇秦《そしん》や張儀《ちょうぎ》など、外交に秀でた縦横家の言説をまとめた『戦国策《せんごくさく》』は、「戦国」時代の語源となっています。

諸子百家の保護などにより得た国力を背景に、威王は、前三三三年、魏と韓を従えて覇者である承認を周王に求めました。魏の文侯と同様、斉の威王もまた、覇者として戦国を治めようとしたのです。威王の子である宣王《せんおう》の時に、「稷下の学」は最高水準の学問を誇ります。中国の宇宙論の基本を形成した陰陽家《いんようか》の鄒衍《すうえん》、性悪説《せいあく》を説いた儒家の荀子《じゅんし》（前三一三～前二三八年）らは、日々論争をして相互理解を深め、自らの学問を磨きました。ただ宣王は、その国力により他国を滅ぼすことはせず、燕を攻めて宗廟《そうびょう》を破壊しただけでした。しかし、その子の湣王《びんおう》は、宋《そう》を滅ぼして傲慢になり、それを批判した田文《でんぶん》（孟《もう》嘗君《しょうくん》）を圧迫して亡命させ、「稷下の学」を閉鎖して荀子《じゅんし》を楚に去らせます。それでも秦と共に二強として、それぞれ西帝（秦）・東帝（斉）と名乗りました。しかし、その油断を燕の楽毅《がくき》が襲います。

かつて、戦国の燕の第二代目の王にあたる姫噲《きかい》は、相邦《しょうほう》（宰相）の子之《しし》を盲信し、聖人の堯《ぎょう》・舜《しゅん》に倣《なら》って禅譲《ぜんじょう》をしました。当然、国内は混乱し、そこに付け込んだ斉に、一時的に滅ぼされます。噲の子である昭王《しょうおう》は斉を憎み、郭隗《かくかい》を師と仰いで、富国強兵と人材登用を急ぎます。そこで、郭隗は、「まず隗より始めよ」と述べ、自分を優遇させることで、名将の楽毅などの人材を集めたのです。

前二八四年、燕の楽毅《がくき》が率いる、趙・魏・韓・秦との連合軍は、斉を攻撃します。斉は済西《せいせい》の戦いに敗れ、都の臨淄《りんし》も陥落しました。さらに、楽毅は、斉の七十余城を次々と陥落させ、斉は最終的に莒《きょ》と即墨《そくぼく》の二城を残すだけになりました。湣王は、楽毅軍に対して、二城でなお抵抗を続けましたが、楚が援軍として派遣した淖歯《とうし》に殺されます。王孫賈《おうそんか》は淖歯を殺し、湣王の子である襄王《じょうおう》を擁立しましたが、斉は滅亡の淵に立たされました。

幸いにも、燕の昭王が急死し、楽毅を嫌う恵王《けいおう》が即位します。暗殺を恐れた楽毅は、趙に亡命しました。その隙に、斉の田単《でんたん》は、「火牛の計」などを用いて燕軍を打ち破り、七十余城を奪い返しました。しかし、斉にかつての繁栄はなく、戦国時代は、秦の一強となります。そうしたなかで秦に懸命に対抗したものが、趙と楚でした。

趙と楚

趙は、前三二六年に即位した武霊王《ぶれいおう》（趙雍《ちょうよう》）の時に強大化しました。武霊王は、胡族《こぞく》（北方民族）から戦術を学ぶと共に、胡服騎射《こふくきしゃ》を採用して軍制を改革したのです。胡服は、北方の遊牧民族が着ていたズボンなど馬に乗りやすい服装です。それまで中国では、馬には乗らず、馬に牽《ひ》かせる戦車で戦うことが中心でした。これに対して、武霊王は、騎馬兵を組織することで、圧倒的な軍事力を持ったのです。しかし、武霊王が王位を子の恵文王《けいぶんおう》に譲ると、恵文王と公子の章《しょう》との間に後継者争いが起こり、武霊王は幽閉されて餓死します。趙はこれ以降、秦の攻勢に脅かされました。それでも、「刎頸《ふんけい》の交わり」を結んだ藺相如《りんしょうじょ》と廉頗《れんぱ》が宰相と将軍になり、前二七〇年に閼与《あつよ》の戦いで秦を大破した趙奢《ちょうしゃ》も現役であった時には、趙は持ち堪《こた》えていました。ところが、藺相如が引退した後、紀元前二六〇年、長平《ちょうへい》の戦いで秦の将軍白起《はっき》に対して持久戦で優位に立っていた廉頗を罷免し、趙《ちょう》括《かつ》（趙奢の子）に兵を率いさせて大敗したことで、趙は急速に弱体化していきます。

一方、下克上のなかった楚では、氏族制が最も強く残り、君主個人の権力強化が遅れました。広大な国土を持ちながら、王族が多過ぎて氏族制の規制力が強く、君主の権力と国家の統制が弱体だったのです。王一人が国力のすべてを掌握することと、王の叔父や弟や一族や多くの人々が国力を分けて持つことを比べれば、後者の人数が増えるほど、王の把握できる国力が少なくなることは明らかでした。そこで悼王《とうおう》は、魏から亡命してきた呉起《ごき》（呉子）を信任して、国政改革を断行します。呉起は、法を遵守することを徹底し、不要な官職を廃止して、これによって余剰ができた国費で兵を養い、富国強兵・王権強化に成功します。しかし、悼王の死後、呉起は改革の反対派に殺され、楚では王に権力は集中しませんでした。

このため頃襄王《けいじょうおう》の時、前二七八年に秦の白起により都の郢《えい》を落とされ、陳《ちん》への遷都を余儀なくされて、衰退していきます。それでも、楚は、その広大な領土と多数の兵力で、趙と共に秦に対抗しました。そのために用いられた方策が、秦に対抗して諸国が同盟する合従策《がっしょうさく》でした。

合従策

前二六〇年、長平《ちょうへい》の戦いで秦の白起《はくき》に四十万余の兵士を生き埋めにされた趙は、都の邯鄲《かんたん》を包囲され、存亡の危機にありました。そこで、趙の平原君《へいげんくん》は、楚の考烈王《こうれつ》に救援を求めます。救援を渋る考烈王に、平原君の食客である毛遂《もうすい》は、「白起は楚の首都を焼いて、楚の祖先を辱めました。同盟は趙のためではなく、楚のためです」と説いて、楚との同盟を成功させます。毛遂は、平原君に随行を願う際、自分も袋の中に入れて欲しいと言って、「嚢中《のうちゅう》の錐《きり》」（すぐれた才能をもつ人は、凡人の中に混じっていても、自然とその才能が目立つ）の故事を残したことで有名です。

また、魏は、趙への救援の途中、軍を止めていました。そこで、平原君は、姉の夫である信陵君《しんりょうくん》に、「姉の家をお見捨てか」と救援を依頼します。信陵君はこれに応え、自国の魏の将を殺して軍を奪い、自ら率いて援軍に赴きました。こうして楚と魏の援軍を得て、趙は秦を撃退できたのです。

ただ、君命に背いて軍を奪った信陵君は、魏に帰国できませんでした。重みを失った魏は、秦の激しい攻撃を受けます。魏の安釐王《あんきおう》は、信陵君の帰国を許して上将軍《じょうしょうぐん》としました。すると諸国は、一斉に魏へと援軍を送ります。前二四七年、信陵君は、魏・楚・趙・韓・燕の五ヵ国の合従軍を率い、河外《かがい》の戦いで、秦の王齕《おうき》と蒙驁《もうごう》の迎撃軍を撃破して、函《かん》谷関《こくかん》まで撤退させました。危機に陥った秦は、信陵君が王位を奪おうとしている、との噂を流す離間策《りかんさく》で対抗します。このために安釐王に疎まれた信陵君は、国政の中枢から外され、秦は危機を脱することができました。なお、この二四七年に、政（のちの始皇帝）が秦王に即位しています。

魏の信陵君が失脚した後、秦に対抗できる外交力を持つ者は、楚の春申君《しゅんしんくん》だけになっていました。儒家の荀子《じゅんし》も、春申君の食客でした。こうした名声を利用して、春申君は、前二四一年、楚・趙・魏・韓・燕の五ヵ国の合従軍を率いて、秦の函谷関を攻めますが、敗退します。函谷関で敗退したのち、考烈王《こうれつおう》は、春申君を責めて疎んじるようになりました。なお、この前二四一年に、幼い政に代わって政治を掌握していた呂不韋《りょふい》が、道家《どうか》と法家《ほうか》を中心に、儒家《じゅか》・名家《めいか》・墨家《ぼくか》・農家《のうか》・陰陽家《いんようか》など諸子百家の説をまとめた『呂氏《りょし》春秋《しゅんじゅう》』を完成させています。

三晉の平定

秦王政は、前二三六年から親政を開始しますが、そのときすでに秦は、他の六国を圧倒する力を持っていました。そうした中、秦と激しく戦った者が、趙の李牧《りぼく》です。李牧は、趙の北方にあたる代《だい》の雁門《がんもん》に駐屯して、遊牧民族の匈奴《きょうど》の侵入を防いでいました。匈奴の単于《ぜんう》(君主)が大軍を率いて来攻した時、李牧は伏せていた左右の遊撃部隊で挟撃し、十余万の騎兵を大破しました。その後十年余り、匈奴は、趙に侵入しませんでした。

前二三四年、秦が平陽《へいよう》の戦いで趙の扈輒《こちょう》を破ると、前二三三年、趙の幽繆王《ゆうびゅうおう》は、北辺にいた李牧《りぼく》を召喚して、大将軍に任じます。同年、秦王政が、王翦《おうせん》・桓騎《かんき》らに趙への侵攻を命じると、李牧は宜安《ぎあん》でこれを破り、肥下《ひか》の戦いで桓騎を撃破します。この功績により、李牧は武安君《ぶあんくん》に封建されました。前二三二年、さらに秦が趙に侵攻すると、李牧は、番吾《ばんご》の戦いで秦を撃退し、秦から韓・魏の国境までの領土を奪還しました。そこで秦は、趙の佞臣《ねいしん》である郭開《かくかい》に接触して離間策を用い、李牧の失脚を狙います。

六国のうち最初に滅んだ国は、韓《かん》でした。韓は、常に秦の圧迫を受けていたので、秦の国力を削《そ》ぐため、鄭国《ていこく》という技師を送り、秦に灌漑事業を起こさせて国力を疲弊させようとしました。鄭国が造った水路（鄭国渠《ていこくきょ》）の長さは三百余里（約百二十キロメートル）、灌漑地域は四万余頃《けい》（七万二千八百ヘクタール）に及びました。ところが、逆に鄭国渠により拡大した田畑の経済力は、かえって秦を強大にしました。いよいよ苦しくなった韓は、秦王政が尊敬する公子の韓非《かんぴ》を秦への使者に送るのです。韓非は、秦王政に歓待されました。しかし、韓を攻めないように、という説得には失敗し、同じく荀子に学んだ李斯《りし》によって殺されたといわれています。これについては第二章で、『史記』の記録を検討してみましょう。

前二三〇年、秦将の騰《とう》が率いる十万の軍に、韓の都である新鄭《しんてい》は陥落し、韓王の安《あん》は捕虜とされました。「戦国の七雄」のうち最も早く韓は滅亡して、秦の潁川郡《えいせん》とされました。前二二六年、韓の残存勢力が、秦への反乱を起こしますが、鎮圧されて韓王であった安は処刑されます。こののち、漢を建国する劉邦《りゅうほう》の配下となり、「漢の三傑」と称された張《ちょう》良《りょう》は、韓の宰相の家柄です。

前二二九年、秦は、王翦《おうせん》・楊端和《ようたんわ》・羌瘣《きょうかい》を派遣して、大軍で趙を攻めました。李牧は司馬尚《しばしょう》と共に、これを迎え撃ちます。苦戦した秦は、李牧を排除するため、郭開《かくかい》に莫大な賄賂を贈ります。趙の軍事権を掌握し、諸国間でも名声の高い李牧を恐れていた幽繆王《ゆうぼくおう》は、郭開の讒言を聞き入れて、李牧を更迭《こうてつ》しようとしました。しかし、李牧は王命を拒み、幽繆王によって誅殺され、司馬尚も解任されます。前二二八年、秦の王翦・羌瘣の軍に攻められて都の邯鄲《かんたん》が陥落し、趙は滅亡しました。そののち、王族の趙嘉《ちょうか》が代《だい》へ逃れて国を建てますが、代も燕と共に、前二二二年に滅ぼされます。

魏は、信陵君《しんりょうくん》が最後の輝きでした。信陵君の引退の後は、秦に次々と領土を削られ、前二二五年、秦の王賁《おうほん》（王翦の子）の軍に都の大梁《たいりょう》を水攻めにされ、魏王の仮《か》が降服して、滅亡します。こうして中原の三晋は、秦の領土となったのです。

荊軻と燕の滅亡

趙の滅亡により、燕は秦と領土を接することになりました。燕の最後の王となった喜《き》の太子である丹《たん》は、刺客の荊軻《けいか》を送り、秦王政の暗殺を計ります。

中国では、主君から精神的・物質的な恩恵を受けた者が、その恩義に報いるため、主君に代わってその仇とする権力者を殺そうと試みることがあります。これを刺客といいます。司馬遷が、『史記』に刺客《せっかく》列伝を立てたのは、刺客が信頼に応えて、「士は己《おのれ》を知る者のために死す」という信義を貫こうとしたことによります。司馬遷は、刺殺目的の成否よりも、そこに現れた純度の高い人格的な信義関係を高く評価したのです。なお、『漢書《かんじょ》』を著した班固《はんご》は、司馬遷が刺客列伝を設けたことを儒教的立場から批判しています。

荊軻は衛《えい》の人で、諸国を放浪して燕に入り、高漸離《こうぜんり》という筑《ちく》（弦楽器）の名人と親しくしていました。燕の市で酒を飲み、高漸離の筑の伴奏で歌い楽しみ、やがて泣き始める様子は、まわりに誰もいないかのようでした。「傍若無人《ぼうじゃくぶじん》」の故事です。

政の暗殺を図る丹は、任客の田光《でんこう》に相談し、田光は荊軻を推挙します。丹が帰る時に、「このことはご内密に」と言ったので、田光は荊軻に話を告げた後で、自ら首を刎《はね》ます。「太子に疑念を持たせたのは、わたしの不徳の致すところである」と。

出発の日、荊軻は高漸離が筑を奏でる中、その覚悟を詩に詠みます。

風蕭々《しょうしょう》として易水《えきすい》寒し。
壮士一《ひと》たび去りて復た還《かえ》らず。

（『史記』刺客列伝）

荊軻は、暗殺に失敗し、斬り殺されました。

秦王政は、激怒して燕を攻め、前二二六年に都の薊《けい》は陥落します。燕王の喜は、太子の丹の首を差し出し、遼東に逃れましたが、前二二二年、王賁に攻められて、燕は滅亡します。中華統一の後、高漸離は、荊軻の復讐を目指し、筑の演奏で始皇帝に接近します。失敗して眼を潰《つぶ》された後も、筑のなかに鉛を仕込んで投げましたが当たらず、車裂の極刑に処されました。

六国平定

楚は、頃襄王《けいじょうおう》の前二七八年に、秦の白起により都の郢《えい》を落とされ、陳に遷都してからは、衰退を続けていました。考烈王《こうれつおう》の死後、春申君《しゅんしんくん》を殺害して権力を握った李園《りえん》の擁立する幽王《ゆうおう》やその後継者の哀王《あいおう》に、臣下は納得しませんでした。前二二八年、楚の国人は、王宮を襲撃して哀王を殺害し、負芻《ふすう》を楚王に即位させます。

そのころには、秦の侵入が本格化していました。前二二五年、秦の将軍である李信《りしん》が、蒙恬《もうてん》と共に二十万の大軍を率いて楚に進攻します。楚の大将軍の項燕《こうえん》（項羽の祖父）は、これを撃破しました。しかし、前二二四年、秦の将軍である王翦《おうせん》が、六十万の大軍を率いて楚に進攻すると、項燕の指揮する楚軍は大敗し、負芻は捕虜となりました。

項燕はなお、楚の公子の昌平君《しょうへいくん》を楚王に擁立し、抵抗を続けます。昌平君は、楚の考烈王と秦の昭襄王《しょうじょうおう》の娘の子で、秦に仕えて嫪毐《ろうあい》の乱の鎮圧の功で右丞相《ゆうじょうしょう》となっていました。楚の公子であるため、旧都郢陳《えいちん》で楚の民を安撫していましたが、項燕に淮南《わいなん》で楚王に立てられ、秦に背いたのです。こうした状況下において、丞相の地位を捨ててまで、楚の復興を目指した昌平君の姿からは、楚の「国人」としての意識の強さを見ることができます。武力によって六国を平定することはできましたが、こうした氏族制に基づく「国人」意識を変革して、すべての民を「秦人」にしていく課題をここに見ることができるでしょう。前二二三年、王翦は蒙武《もうぶ》と共に昌平君と項燕を戦死させ、楚は滅亡します。

前二二二年に燕を滅ぼした秦は、斉《せい》に向かいます。斉は、秦により他国が滅亡することを傍観していました。それは、秦が買収した宰相后勝《こうしょう》とその食客たちの工作のためといわれています。秦に攻められても戦うことはせず、后勝の言に従って無抵抗のまま降伏します。前二二一年、秦の王賁《おうほん》により斉王の建《けん》が捕らえられ、斉は滅亡しました。

こうして秦王政は、前二二一年に六国を平定し、戦国時代に終止符を打ちました。政は時に三十九歳、在位二十六年目のことでした。秦の統一の基礎は、法家の商鞅が行った氏族制の解体をそのまま継続したことにあります。それでは、法家の集大成者である韓非の思想の特徴はどこにあるのでしょうか。その思想を検討する前に、韓の歴史と『史記《しき》』に描かれた韓非の伝記を検討していくことにしましょう。

第二章　韓非と『韓非子』

司馬遷と『史記』

韓非の伝記を『史記《しき》』に記した司馬遷《しばせん》（前一四五？〜前八七年？）は、前漢（前二〇二〜八年）の武帝期の人です。司馬遷は、太史令《たいしれい》になると、太初元《たいしょ》（前一〇四）年、『史記』の執筆に着手しました。太史令の職務は、天文を観測して暦法を考えるほか、記録を書き残すことです。司馬遷の父である司馬談《しばたん》も太史令となっており、『春秋《しゅんじゅう》』を書き継ぐことを目指して、明主・賢君・忠臣・死義の士を書き残しました。『春秋』は、孔子が編纂したと『孟子』が主張する魯の国の年代記で、春秋時代という言葉の語源となっている経書《けいしょ》です。司馬遷は、父の遺言を受けて父の書き残した記録を受け継ぎ、太史公の職務の一環として、天漢《てんかん》二（前九九）年までの七年間、『太史公書』を編纂しました。『太史公書』が、現在のように『史記』と呼ばれるのは、後漢《ごかん》（二五〜二二〇年）の末期になってからのことです。

天漢二（前九九）年、司馬遷は太史令を罷免されます。匈奴《きょうど》に降服した将軍の李陵《りりょう》を弁護したためです。李陵は、始皇帝に仕えて燕を撃破した将軍李信《りしん》の子孫に当たります。李陵は、武帝の命により弐師《じし》将軍《しょうぐん》である李広利《りこうり》の援軍として、五千の歩兵を率いて出陣しました。しかし、李広利軍に合流する前に、匈奴の本隊三万と遭遇し、八日間にわたって激戦を繰り広げます。李陵は、匈奴の兵一万を討ち取り、それを部下の陳歩楽《ちんほがく》を遣わして武帝に報告させます。そののち、刀折れ矢尽きて匈奴に降伏したのです。

李陵の降伏を聞いた武帝は激怒して、陳歩楽を自決させます。群臣も迎合して、李陵を罰すべしとするなか、司馬遷は李陵の勇戦と無実を訴えたのでした。しかし、武帝は、司馬遷を死刑に処します。武帝が司馬遷の思いもしなかった極刑に処したのは、司馬遷の意見の背後にあった、対匈奴戦の指揮者である将相、ことに李皇后の姻戚である李広利《りこうり》への批判、さらには武帝の匈奴政策そのものへの批判が宮中に潜在しており、それを圧倒するためでした。

司馬遷は、『史記』が未完であったので、死刑を免れるために生殖機能を失わされる宮《きゅう》刑《けい》を受けました。やがて武帝は、李陵が戦いに死力を尽くしたことを知って、司馬遷への処遇を後悔しました。このため司馬遷は、受刑の後の太始《たいし》元（前九六）年、中書令《ちゅうしょれい》となって『史記』の執筆を再開できました。『史記』が一応の完成を見たのは征和《せいわ》二（前八七）年、あわせて十三年に及ぶ執筆期間でした。

『史記』は、有史以来の帝王の編年史を「本紀《ほんぎ》」十二巻とし、政治史を中心に歴史過程の大綱を示し、その歴史過程をより正確に表現するために、系図および年表を十巻の「表《ひょう》」に示しています。さらに、儀礼・制度・音楽・天文・暦法・祭祀・治水・経済などの分野史を八巻の「書《しょ》」に著し、諸侯の国々の歴史を三十巻の「世家《せいか》」として記しています。最後に、多くの人物の伝記を七十巻の「列伝《れつでん》」に叙述し、あわせて百三十巻とした書物です。

『史記』の特徴

『史記』は、書かれた時期により、その特徴が異なります。李陵事件以前に書いた前漢初めの皇帝たちは明君に描かれ、賛美の言葉が連ねられます。これに対して、項羽《こうう》本紀と秦始皇《しんしこう》本紀は、漢初の皇帝たちと対照的に批判されています。すなわち、李陵事件以前の『史記』は、漢を賛美する書籍だったのです。これに対して、李陵事件以降に書かれた諸篇は、封禅《ほうぜん》書・河渠《かきょ》書・平準《へいじゅん》書・外戚《がいせき》世家・魏其《ぎき》武安侯《ぶあんこう》列伝・司馬相如《しばしょうじょ》列伝・酷吏《こくり》列伝・貨殖《かしょく》列伝などに、武帝への批判を読み取ることができます。李陵事件以降の司馬遷の編集意図は、武帝への批判に置かれているのです。

列伝では、李陵事件以前は、個人の成功と失敗はその個人の学術・才能・性格による、という見方がされていました。これに対して、李陵事件以降は、君主により不当な罪に問われ、或いは死し、或いは隠忍して逆境を生き抜いている個人について、いずれも本人たちの短所や欠点を暴《あば》こうとせず、深い同情の眼で見つめています。このため『史記』は、李陵事件で受けた恥辱に対して、憤《いきどお》りを発して書を著した、という「発憤著書《はっぷんちょしょ》」説が唱えられています。韓非は、暗君である秦の始皇帝に不当な罪により自殺に追い込まれたので、司馬遷は韓非に対する深い同情の眼を持って、その伝記を描いています。『韓非子』の中に記された君主への説得術に、司馬遷は感銘を受けています。そのうえで、韓非列伝で最も特徴的なのは、素晴らしい説得術を記した韓非自身が、君主を説得できず、非業の死を迎えたことへの共感です。君主を説得することは、それほどまでに難しいことなのです。李陵を救うための君主への説得に失敗し、宮刑を受けて生き恥を晒《さら》す自分への言い訳が、そこに投影されていると考えてよいでしょう。このため、韓非列伝は、前後に簡単な韓非の伝記を記しながら、列伝の中核を『韓非子』説難《ぜいなん》篇に置き、その全編を採録するという、特殊な形をとっています。

韓非は、韓の公子です。韓非を知るためには、韓の歴史を知らなければなりません。韓非の思想の背景となっている韓の状況を確認しましょう。

韓の興亡

韓非の生まれた韓が、魏と趙と共に晉から独立したことを周の威烈王《いれつおう》が認めた前四〇三年を戦国時代の始まりと認識することは、すでに述べた通りです。そののち韓は、哀侯《あいこう》が三七五年に鄭《てい》を滅ぼしたものの、臣下に殺害されます。続いて即位した釐侯《きこう》（昭侯《しょうこう》）は、法家の申不害《しんふがい》を抜擢し、法を整備して公平な論功行賞をしていきます。国内は安定し、領土は拡大して、このときが韓の最盛期でした。続く宣恵王《せんけいおう》のときに、韓は王を称しますが、申不害なき韓は国勢を伸長できず、再び秦の侵攻に悩まされていきます。釐王《きおう》を経て桓恵王《かんけいおう》のときには、前二六四年に陘城《けいじょう》の戦いに敗れ、秦に陘城など九城を攻め落とされました。前二六二年には秦に野王《やおう》を攻め落とされ、前二五六年には秦に陽城《ようじょう》・負黍《ふしょ》を攻め落とされ、前二四九年には秦に城皐《じょうこう》・滎陽《けいよう》を攻め落とされました。秦はそこに太原郡《たいげんぐん》を置いています。前二四四年には、秦に十三城を攻め落とされ、前二四一年には、魏・趙・楚・燕との合従《がっしょう》軍で秦を攻めましたが、函谷関《かんこくかん》の戦いで敗れています。

　こうした秦からの絶え間なき圧迫の中で王位に即いたのが、韓非の仕えた韓王安《あん》です。前二三四年、秦の攻撃を受けた韓王安は、公子の韓非を使者として秦に派遣しました。そして、そのまま抑留された韓非は、秦で死去します。四年後の前二三〇年、韓は都の新鄭《しんてい》を落とされ、六国の中で最も早く滅亡しました。秦は、そこを潁川郡《えいせんぐん》と改めて郡県制により統治します。前二二六年、旧都の新鄭で秦への反乱が起きますが鎮圧され、韓王安は処刑されるのです。

　このように祖国の韓が秦に圧迫され続ける中で、韓非は『韓非子』を著わしました。それでは、司馬遷の『史記』によって、その生涯を見ていくことにしましょう。

韓の公子

司馬遷は、韓非の伝記を『史記』老子《ろうし》・韓非列伝としてまとめています。司馬遷は、韓非の思想には老子の影響がある、と考えていたのです。そのため、韓非の列伝は次のように始まります。

韓非は、韓の公子《こうし》である。刑名《けいめい》・法術の学を好み、その帰着するところは黄老《こうろう》に本づく。韓非は生れつき吃音で、うまく話すことができない。その代わり文を書くことは上手であった。李斯《りし》と共に荀子《じゅんし》に師事したが、李斯は韓非には及ばないと思っていた。

（『史記』韓非列伝）

公子は、王室の一族ですが、皇太子のように後継者にはなれません。それでも韓という姓に明らかなように、韓非は、韓の王族でした。韓非が好んだという刑名と法術のうち、刑名（形名）は臣下の言葉（名）とその実績（形）の一致を要求する、申不害《しんふがい》が尊重した思想です。法術は、法と術という二つの概念を繋ぎ合わせたもので、法は商鞅《しょうおう》が最も重視した国家の支配意思で、術は申不害が説く臣下の監視方法です。韓非が韓の全盛期を築き上げた申不害の思想を重視していることが分かります。韓非は、申不害の思想を踏まえた上で、法と術の両者を併用することが必要であるとして（定法篇《ていほう》）、「法術」の士を登用する重要性を説いています。さらに韓非は、慎到《しんとう》の主張する「勢」も尊重しますので（難勢篇《なんせい》）、申不害・商鞅・慎到という法家たちの思想を集大成した者と位置づけられます。

興味深いことは、司馬遷がそうした韓非の学を黄老に基づくと認識していることです。黄老とは、黄帝《こうてい》と老子《ろうし》のことで、黄老思想は、前漢の初めから武帝期ごろまで、最も尊重された思想でした。ただし、「黄帝四経《こうていしけい》」など、中国最初の帝王とされる黄帝に仮託した黄老思想の書籍は、後世に伝わりませんでした。しかし近年、出土した新資料の中には「黄帝四経」に比定されるものもあり、その研究により黄老思想は、法家思想と道家思想とが結合したものであろうと考えられています。

現存する『韓非子』という書物は、後述するように、韓非一人の著作ではなく、韓非の後学も含めた韓非学派が、次第に書き続けていったものです。『韓非子』の中には、韓非後学の手になるとされる解老篇《かいろう》・喩老篇《ゆろう》という『老子』を解釈する篇が含まれます。韓非の後学は、法家思想と道家思想の結合を試みていたのです。本来の韓非の思想の中に、老子がどのように位置づけられているのかは、第四章で検討することにして、ここで確認したいのは、司馬遷の時に『韓非子』という本は、黄老思想の書として理解されていた、ということです。すなわち、司馬遷は、法家と道家が結合した黄老思想に『韓非子』の根本が置かれていると考えて、老子と同じ列伝に韓非の生涯を記録したのです。

韓非が李斯と共に荀子に師事したか否かについては、諸説あります。少なくとも司馬遷は、李斯と韓非を同門と考えています。問題は、通常は儒家とされる荀子の思想が、『韓非子』の思想とどのように関わったのかにあります。これも後ほど詳細に検討することにしましょう。

司馬遷は続いて、韓非が祖国である韓の衰退に、どのように対処したかを次のように記しています。


韓非は祖国の韓が削られ弱体化するのを見て、たびたび上書して韓王安《あん》を諫めたが、韓王は取り上げなかった。韓非はここにおいて世の支配者が、法制を明らかにし、権勢で臣下を馭《ぎょ》し、国を富ませて兵を強くし、人才を求めて賢能に任せることを知らず、かえって役にも立たない国を蝕《むしば》む蠹《むし》どもを実際の功ある者より高く取り立てていることを苦々しく思った。韓非によれば、儒者は文学で国法を乱し、俠《きょうしゃ》者は武力で禁令を犯している。それなのに世の君主は、太平無事の時には、儒者や俠者などの虚名の人を大切にし、一旦危急の際には、甲冑の士に頼る。すなわち今日養っている者は役に立たず、いざという時に頼りになる者は、ふだん養っていた者とは別人なのである。

韓非はさらに、廉潔《れんけつ》の士が邪《よこし》まな臣下のために疎外されるのを憐れみ、過去の歴史に現われた成功と失敗の跡を見て、孤憤《こふん》・五蠹《ごと》・内外儲説《ないがいちょせつ》・説難《ぜいなん》など十余万字の篇を綴《つづ》った。しかし、韓非は游説の道の困難を承知して、説難篇にそれを詳しく述べながら、わが身は秦に殺されて、遊説の禍いを免れられなかった。

（『史記』韓非列伝）

歴史に「もしも」という仮定は、意味がありませんが、もしも韓王の安が韓非の主張を受け入れ、宰相として国政を委ねていれば、秦の中国統一は、もう少し違う形になった可能性があります。しかし、韓王安は、韓非の上書を取り上げず、韓非はその思いを『韓非子』の執筆にぶつけました。司馬遷が、ここに記す孤憤篇・五蠹篇・説難篇は、韓非自らの著作と考えられています。また、そう考えるに相応しい内容を持つ篇ですので、後に詳しく検討していきます。

このあと、『史記』韓非列伝は、『韓非子』説難篇を全文引用します。それは韓非の始皇帝への遊説がうまくいかなかったためです。

李斯に敗れる

司馬遷は、『韓非子』説難篇を引用し終わった後、韓非と秦王の政《せい》との会見の模様を次のように伝えています。

ある人が韓非の著作を秦に持ち込んだ。秦王の政は、孤憤篇・五蠹篇を読んで、「ああ、寡人《わたし》はこの人と会い、話すことができたら、死んでも恨みはない」と言った。李斯《りし》は、「これは韓非の著作です」と答えた。そこで秦は急に韓を攻めた。韓王の安は、はじめ韓非を用いなかったが、危急のときであったため、韓非を使者として秦に送った。

秦王は韓非が気に入ったが、まだ信用するには至らなかった。秦の大臣である李斯と姚賈《ようか》は、韓非を憎み、次のように讒言《ざんげん》した、「韓非は、韓の公子でございます。いま王は諸侯を併合しようとされていますが、韓非は、結局は韓のために図り、秦のためにはしないでしょう。それが人情というものです。いま王が、韓非を用いず、長く留めて帰国させれば、後の秦の憂いとなります。何かの罪状で殺すのがよいでしょう」と。

秦王はそうだと思い、韓非を役人に引き渡して追及させた。李斯は人をやって韓非に毒薬を送り、自殺を勧めた。韓非は自分で王に陳弁したいと願ったが、会うことはできなかった。秦王はあとから悔いて、人をやって赦免させようとしたが、韓非はすでに死んでいた。

（『史記』韓非列伝）

韓非の著した孤憤篇・五蠹篇に秦王政が感激し、韓に圧力を懸けて韓非を迎え、これを優遇したことは事実です。そうした事態に危機感を持ったのが、李斯でした。ともに荀子の門下にあった李斯は、韓非の能力を充分承知しており、到底及ばないと思っていました。韓非が秦で登用されれば、自らの立場が危うくなります。李斯は焦燥感と嫉妬に駆られ、韓非は韓の公子であり、秦よりも故国を第一に考えますと、政に讒言《ざんげん》をしました。政は、李斯の言に従い、韓非を投獄します。李斯は、人をやって韓非に毒薬を渡すと、韓非はそれを受け取り自害した、と『史記』には記されています。韓非は、韓の公族でしたが、その理論を称賛し実践したのは、韓を滅亡させた秦なのでした。司馬遷は、韓非列伝のおわりに、「説難《ぜいなん》篇を著し、君主に説くのがいかに難しいかを述べながら、自身が秦王に遊説した際、その難しさから免れられなかったことを悲しむ」と、その才能に見合わない韓非の不遇を嘆いています。

『韓非子』の諸篇

韓非の著作とされる『韓非子』は、全五十五篇からなります。そのすべてが、韓非の自著なわけではありません。『韓非子』だけではなく、諸子百家の著書として伝わる本は、個人の著作ではなく、その学派の主張を積み重ねて次第に作成されていったものです。『韓非子』も、韓非の死後の記録が含まれるなど、明らかに韓非の後学が書いた部分を多く含みます。これまでの研究によって、『韓非子』は韓非自身の著作に近い篇と、後学による二次的な編纂物と考えられる篇とに分けられています。

韓非の自著に最も近いとされているのは、孤憤《こふん》篇第十一、説難《ぜいなん》篇第十二、和氏《かし》篇第十三、五蠹《ごと》篇第四十九、顕学《けんがく》篇第五十の諸篇です。秦王政が感銘を受けたという孤憤篇・五蠹篇もこの中に含まれています。本書は、これらの篇を中心に『韓非子』の思想内容を探ります。具体的には、孤憤篇第十一・説難篇第十二・和氏篇第十三により君主に対する説得術を第三章で、五蠹篇第四十九により儒家・墨家に対する韓非の批判を第五章で、顕学篇第五十により賞罰の基準である法を第七章で述べていきます。このほか、「道」と君主との関係を揚権《ようけん》篇第八により第四章で、内儲《ないちょ》説篇上第三十により臣下を統御する術を第六章で、難勢《なんせい》篇第四十により権力の淵源となる勢を第八章で、論じていきます。

これらの篇を含めて、『韓非子』全五十五篇の内容をここで示しておきます。

初見秦《しょけんしん》篇第一は、韓非の作ではありません。自分の説が韓王に聞き入れられない韓非が、秦に望みを託したという構想で、『韓非子』という書が編纂されていることを述べる、冒頭に相応しい篇です。存韓《そんかん》篇第二も、韓非の作ではありません。韓非の事績を知るために後から付け加えられた篇です。難言《なんげん》篇第三も、韓非の作ではありません。史実の場において韓非の説が正しかったことを述べるために後学が編纂した篇です。愛臣《あいしん》篇第四も、韓非の作ではなく、二次的に編纂された概論です。大臣が富み、諸侯が大きくなると君主の権力を奪う害を起こすことを説きます。主道《しゅどう》篇第五は、二柄《にへい》篇第七の理論篇というべきもので、『老子』の「道」を理論的に利用して、君主の臣下統御術を君主の心術のあり方と臣下の業績判定の方法から説きます。有度《ゆうど》篇第六も、韓非の死後に書かれています。儒教経《けい》典《てん》の『尚書《しょうしょ》』洪範《こうはん》篇と同文も含みながら、『管子《かんし》』明法篇の文章が取り入れられて、韓非の説が詳細化されています。具体的には、法による政治は、貴賤によって相違することなく、規範を統一的にして、上下にわたった支配を貫徹することができる。しかし、君主の地位の尊厳と不可侵は維持される、としています。二柄篇第七は、前半の中心的な篇の一つとなっています。君主が直接、賞罰の権力を行使して、臣下に乗ずる隙を与えないことを刑徳《けいとく》・審号刑名《しんごうけいめい》・去好去悪《きょこうきょあく》・群臣見素《ぐんしんけんそ》という概念から説いています。主道篇第五、揚権篇第八は、この主張をもとに、道家的に発展させたものです。揚権篇第八は、君主論の基本として「道」の理論を用います。「道」が万物と同一の次元には無いように、君主は臣下と同一の次元には無いことを説明してします。

八姦《はちかん》篇第九は、君主権力を侵害する八種類の悪として、同床《どうしょう》（寵愛する者）・在旁《ざいぼう》（近臣）・父兄（伯父や公子）・養殃《ようおう》（贅沢《ぜいたく》を勧める者）・民萌《みんぼう》（民の人気取り）・流行（弁舌の士）・威強《いきょう》（君主権力を笠に着る者）・四方（まわりの国を利用する者）を挙げます。以下、その都度述べませんが、内容を数字によりまとめている篇は、後学による学説の整理や説話の増強などが多い部分です。十過《じっか》篇第十は、儒教経典でいう「経《けい》」にあたる条目を掲げ、それを説話で説明するという『韓非子』の特徴となる叙述形式が見られます。君主は小事と大事を見失わず、国政に努めて音楽・遠遊を慎み、独断専行せずに忠臣の言を聞き、諸侯に礼を尽くすべきことを説きます。使われている説話は、『韓非子』の他篇とは異なったものが多く、『春秋左氏伝《しゅんじゅうさしでん》』・『呂氏春秋《りょししゅんじゅう》』、さらには『淮南子《えなんじ》』・『説苑《ぜいえん》』に共通するものが多く見られます。

孤憤篇第十一は、韓非の自著と考えられます。「法術の士」が君主に用いられない理由を君主の側から説くもので、始皇帝が感動した理由は、第三章で検討していきます。説難篇第十二も、韓非の自著と考えられます。進言者が君主に自らの主張を説くことの難しさを臣下の側から説くもので、司馬遷が感動して『史記』韓非列伝に全篇を収録したことは、すでに述べたとおりです。和氏篇第十三も、韓非の自著と考えられます。法術の士が、様々な障害のために、自説を君主まで達せられないことを説きます。有名な「和氏《かし》の璧《へき》」の説話が含まれています。姦劫弑臣《かんごうしいしん》篇第十四も、韓非の自著と考えられることがあります。君主が法術で支配しなければ、大臣は専断して正嫡《せいちゃく》を弑殺《しいさつ》することすら引き起こすと、『春秋』の記録と近世の史例を挙げます。ここには『戦国策《せんごくさく》』楚策四、『韓詩外伝《かんしがいでん》』にみえる、荀子が楚の春申君《しゅんしんくん》に贈った書簡を含みます。『韓非子』の中では、五蠹篇第四十九・顕学篇第五十に並ぶ理論的な篇です。

亡徴《ぼうちょう》篇第十五は、戦国諸侯への亡国の戒めです。一面で統一国家の出現を督促する内容でもあります。三守《さんしゅ》篇第十六は、君主が守るべき三守と臣下が君主を脅かす三劫《さんごう》を説明します。ただ、二柄篇第七の骨格の説明に終わっています。備内《びだい》篇第十七は、后妃・夫人・太子、そして貴人・大臣にも備えるために、刑名参同《けいめいさんどう》の術が有効であることを説きます。南面《なんめん》篇第十八は、人を取り締まるためには、人に頼らず、言と実の対照、すなわち刑名参同の術に基づく必要があるとします。飾邪《しょくじゃ》篇第十九は、君主が卜筮《ぼくぜい》や星の信仰や外国の援助や古《いにしえ》の先王などを頼らずに、賞罰の法を本とすれば国が治まり、強くなると説きます。

解老《かいろう》篇第二十は、老子の理論的な説明です。『老子』そのものの忠実な注釈ではなく、『管子《かんし》』・『荘子《そうじ》』に近い理論を説きます。喩老《ゆろう》篇第二十一は、『老子』の比喩的な説明です。『老子』的な解釈を施《ほどこ》した説話集にもなっています。そうした意味で『淮南子《えなんじ》』道応訓《どうおうくん》に似ており、共通部分もあります。

説林《ぜいりん》篇上第二十二・下第二十三は、篇名どおりの説話集です。これらは「説」だけがあり「経」がありません。これに対して、内外儲説《ないがいちょせつ》と十過《じっか》は、「経」と分類された説話ですので、それらと比べると古い篇です。観行《かんこう》篇第二十四は、君主が臣下の行いを観察するには、法術によるべきことを説きます。これより大体《だいたい》篇第二十九までの六篇は、客観的な法治を説きながら、儒家・道家思想を混入したもので、後学の編纂物です。安危《あんき》篇第二十五は、危道についての六箇条で、人民の利欲に従った法治と重人への警戒を説きます。守道《しゅどう》篇第二十六は、韓非の道が賞罰の法であることを説きます。用人《ようじん》篇第二十七は、賞罰の目的を安定社会における君臣の危惧《きぐ》を取り除くためとします。功名《こうみょう》篇第二十八は、勢位《せいい》による政治を説くもので、君臣関係が安定した下での思考です。大体篇第二十九は、法治を道家によってまとめたものです。

内儲説《ないちょせつ》篇上第三十は、君主が用いるべき「七術」（参観《さんかん》・必罰《ひつばつ》・賞誉《しょうよ》・一聴《いっちょう》・詭使《きし》・挟知《きょうち》・倒言《とうげん》）を説き、術を君主が臣下を統御するために取る手段とします。この篇から外儲説《がいちょせつ》篇右下第三十五までは説話集で、「経」を掲げて、そののちに説話を並べています。内儲説篇下第三十一は、臣下について察すべき「六微《りくび》」（権借《けんしゃ》・利異・似類《じるい》・有反《ようはん》・参疑・廃置）を説明します。内儲説篇は上篇も含めて、『春秋左氏伝』・『戦国策』と説話が多く重複します。外儲説篇左上第三十二は、経を説明した後に、法術思想に重要な項目を個々にまとめる理論篇です。その方法論が、外儲説篇左下第三十三で説かれ、客観的・公然的な賞罰の実施方法を示します。外儲説篇右上第三十四は、君主側に立った勢・術の徹底性を説く理論篇です。その方法論が外儲説篇右下第三十五で、具体的な実施方法を示します。

難《なん》一篇第三十六は、歴史説話の故事（儒教的なものが多い）をテーゼとして掲げ、それへの反論を難として説きます。難四篇第三十九まで続く「難」は、他学派への論駁《ろんばく》や遊説《ゆうぜい》に用いられたものです。難二篇第三十七は、儒家的な説話への難です。難三篇第三十八は、孔子や子産《しさん》の説話への難です。難四篇第三十九は、「或《あるひと》曰《いは》く」が二つずつ付く難に特徴があります。

難勢《なんぜい》篇第四十は、勢を説明する重要な篇です。勢は、法・術を支えて、推し進める客観的・強制的なものであるとします。問弁《もんべん》篇第四十一は、次篇と共に問答体の篇です。君主側の体制に立ち、功用と法令を基準としながら、弁論の通用する乱世の諸要素を抉り出します。問田《もんでん》篇第四十二は、他篇とは異なり、韓非を韓子と呼んでいます。後学の編纂が明らかな部分です。

定法《ていほう》篇第四十三は、商鞅の法、申不害の術を説明しながら、それぞれ単独で用いたことを批判して、双方を伴わせるべきことを説きます。説疑《せつぎ》篇第四十四は、君臣間の矛盾を取り上げていくこれ以降の篇の緒言となります。人臣の五罪として財貨・慶《けい》・朋党・解免《かいめん》（労役免除）・赦罪を挙げています。詭使《きし》篇第四十五は、君主の統治手段であるべき利と威と名が有効に作用していないことを抉《えぐ》り出します。六反《りくはん》篇第四十六は、君主の政治の害になるが、世の中では尊重される六つの型の人間とその逆を説きます。八説《はっせつ》篇第四十七は、君主や国家の利害に反する八種類の民間価値に基づく人間類型を指摘します。八経《はっけい》篇第四十八は、主母《しゅぼ》・后姫《こうき》・子姓・兄弟・大臣・顕賢《けんけん》を乱を生ずる六つの要因とします。そのうえで、君主の臣下統治の六つの原則である因情《いんじょう》・主道・立道・参言・聴法・類柄《るいへい》を示します。『韓非子』の法治理論の再編集であり、後学の編集した篇です。

五蠹《ごと》篇第四十九は、韓非の著作と考えられます。学者・言談者・帯剣者・患御者《かんぎょ》・商工の民を五蠹として批判します。顕学《けんがく》篇第五十も、韓非の著作と考えられます。儒家・墨家を批判するもので、この二篇が『韓非子』後半の中心的な篇となります。以下は、二次的な編纂物です。

忠孝《ちゅうこう》篇第五十一は、国と家の倫理の相剋を説きます。法家が儒家の枠内に立ち入って、法家の主張を述べるものです。人主《じんしゅ》篇第五十二は、君主が威勢を大臣に奪われると国は滅び、法術の士は用いられないことを説きます。飭令《ちょくれい》篇第五十三は、『商君書《しょうくんしょ》』の靳令《きんれい》に近い二次的編纂の篇です。心度《しんど》篇第五十四は、心に法度を立てることの重要性を説きます。制分《せいぶん》篇第五十五は、賞罰は、奸悪を本に民を支配する手段であるから、制定には区別を分明にすることが必要であるとしています。

以上、ざっとでしたが、『韓非子』全篇の内容を紹介しました。韓非の思想を知るためには、すべてを読む必要はありません。自著と考えられる篇を中心に、韓非の思想の特徴を検討していきましょう。

第三章　君主に用いられるには

「仲父」呂不韋

秦の始皇帝は、韓非の著した孤憤《こふん》篇を読んで感動し、「ああ、寡人《わたし》はこの人と会い、話すことができたら、死んでも恨みはない」と言った、と『史記』は記しています。何がそれほどまでに始皇帝を突き動かしたのかを知るためには、始皇帝が置かれてきた政治状況が分からなければなりません。

始皇帝は、秦の三十一代目の君主で、『史記』は、姓《せい》は趙《ちょう》、名を政《せい》とします。『趙正書《ちょうせいしょ》』という新しい出土資料では、「政」は「正」とされ、『史記』にも、「正月にちなんで政とつけた」とあるので、「正」が本来の名なのでしょう。また、秦の君主の姓は嬴《えい》なのに趙とする理由には、姓とは本来異なる氏《し》が趙である、という説と、趙に人質とされていたから、という説があります。政は、人質の子でした。

政の父は、異人《いじん》（後に子楚《しそ》）といい、昭襄王《しょうじょうおう》（昭王）の太子である安国君《あんこくくん》（後の孝文王《こうぶんおう》）の子です。安国君には、二十人以上の子があり、母の夏姫《かき》が安国君の寵愛を受けなくなったため、異人は趙に人質として捨て駒のように出されていたのです。

これに目をつけたのが、趙の大商人の呂不韋《りょふい》でした。呂不韋は、「奇貨置《きかお》くべし」（珍しい商品は必ず利益が出るので買っておく）と言い、異人に五百金を渡して名士たちと交際させます。そして、自らは宝玉を安国君の寵姫である華陽《かよう》夫人に献上して、異人が子のいない華陽夫人のことを「実母のように慕っております」と伝えました。容色が衰え寵愛が冷めることを恐れる華陽夫人に、異人を養子に迎え、安国君の世継ぎとすることを勧めたのです。異人は、養母となった華陽夫人が楚の公女であったので、子楚と改名しました。

呂不韋が成功を祝い、子楚を招いて酒席を設けると、その席で子楚は呂不韋の舞妓（趙姫）を見初め、「自分のものにしたい」と言います。趙姫は呂不韋の子を身籠もっていましたが、呂不韋はそれを隠して献上します。十二ヵ月後、趙姫は男児を出産し、子楚の正夫人となりました。男児の名は政《せい》、すなわち始皇帝である、と『史記』は伝えるのです。これは『史記』だけに見える説で、『戦国策《せんごくさく》』には見えません。司馬遷は始皇帝を貶《おとし》めるため、あえて不確実な伝説を収録したと考えられます。

前二五八年、昭襄王が趙を攻めて都の邯鄲《かんたん》を包囲すると、趙は子楚の殺害を決定します。呂不韋は、趙の役人を大金で買収して子楚を秦に逃がしました。しかし、生まれたばかりの政と趙姫までは手が回りません。二人は辛く苦しい時期を過ごしました。七年後の前二五一年、安国君（孝文王）が即位すると、子楚は太子になります。孝文王が在位一年で薨去すると、子楚が新たな秦王（荘襄《そうじょう》王）となり、政が太子となりました。趙の孝成王《こうせいおう》は、政と趙姫を秦に帰し、ようやく政の人質生活は終わりました。置き去りにされた八歳までの体験が、政の人格形成に大きな影響を与えたのでしょう。政はやがて、人の情よりも法を優先し、信賞必罰《しんしょうひつばつ》を旨とする法家《ほうか》の思想にのめり込んでいきます。

荘襄王は、呂不韋を相国《しょうこく》（正しくは相邦《しょうほう》）に任じて文信侯《ぶんしんこう》に封建し、河南《かなん》の地十万戸を領地とします。「奇貨」は、こうして大きな見返りを呂不韋にもたらしました。しかも、荘襄王も短命で、在位三年で薨去します。そのため政は、十三歳で秦王となりました。そこで呂不韋が政務を取り仕切り、政は呂不韋を仲父《ちゅうほ》（父に次ぐ者）と呼んで敬《うやま》いました。

母の反乱

呂不韋は、斉《せい》の孟嘗君《もうしょうくん》や魏《ぎ》の信陵君《しんりょうくん》のように、三千人と称される食客を集めました。その中で傑出した才能を示した法家の李斯《りし》は、王に推挙して王直属の臣下としました。安定した呂不韋の政治に、秦の勢力が拡大すると、前二四一年、楚《そ》・趙・魏・韓《かん》・燕《えん》の合従《がっしょう》軍が秦に攻め入りますが、これを撃退します。

同年、呂不韋が賓客たちに、古今の人物の成功と失敗、現実的な政治論、そして諸子百家の論説を網羅的にまとめさせた『呂氏春秋《りょししゅんじゅう》』が完成しています。『呂氏春秋』は、国家支配では施策の統一性が重要であるとし、その統一は君主による法の一元的な把握により実現すべきである、と主張しています。始皇帝の中国統一の思想的な背景は、『呂氏春秋』に遡《さかのぼ》ることができるのです。呂不韋は、『呂氏春秋』を咸陽《かんよう》の市場の門に並べ、内容を一字でも増減させられた者には千金を与える、という布告を出しました。「一字千金《いちじせんきん》」の故事です。得意の絶頂にあったといってよいでしょう。

その油断からか、呂不韋は、政の生母の趙太后と密通します。呂不韋は露見を恐れ、太后に嫪毐《ろうあい》という巨根の持ち主を宦官に仕立て上げてあてがいます。太后は嫪毐に溺《おぼ》れ、二人の子を生みました。やがて政は、母の醜聞と共に、嫪毐と呂不韋の関係も知ります。嫪毐は政を侮《あなど》り、太后の印璽《いんじ》を使って兵を集め、反乱を起こしました。政は乱を平定すると、嫪毐とその一族、および太后との間に生まれた二人の子を誅殺し、太后を幽閉します。呂不韋も連坐して相国を解任され、封地で暮らすよう命じられました。

政治の場から追放されても、天下の賓客や名士は、呂不韋のもとを訪れます。政は、反乱を恐れ、「あなたはいかなる功績で、河南《かなん》の地十万戸を所有しているのか。秦王室とどんな血縁関係があって仲父《ちゅうほ》と称しているのか。一族と共に蜀《しょく》への移住を申しつける」と手紙を送りました。呂不韋は、鴆酒《ちんしゅ》（鴆という毒鳥の羽を浸した酒）を仰いで自殺します。秦王政の十一（前二三六）年のことです。政は、こうして秦の実権を掌握して、本格的に親政を始めたのでした。

形名参同

父には見捨てられ、臣下を「仲父」と敬わせられ、母に反乱を起こされた後に、秦王政は権力を掌握しました。政に響いた孤憤篇は、臣下の説得を受けた君主が、臣下の主張をどのように見抜くのかについて、説明をした篇です。

孤憤篇は、「法術の士」（韓非自らをも含む法家）と重人《じゅうじん》（悪い意味の有力者）が、両存できないことから議論を始めます。そして、法術の士が重人に敗れるのは、重人には他の諸侯の国々、国内の百官、朝廷内の側近、学者という四者が味方をし、また君主に愛され、君主と古馴染《ふるなじみ》であることによる、とします。それでも、君主が法術の士を採用しなければならないのは、次のような理由によります。

重人は、（君主の）命令も無視して専断し、法を曲げ私腹を肥やし、国の富を掠《かす》めとり自家の便宜《べんぎ》を図り、しかもその君主を（自分の側に）引き入れる力がある。法術の士は、明察なので、採用されれば重人の隠れた実情を照らし出す。法術の士は、勁《けい》直《ちょく》（真っ直ぐに行動）なので、採用されれば重人の悪《あ》しき行動を厳しく矯正する。そのため法術の士が用いられれば、重人は必ず排除される。すなわち、法術の士と重人とは、共存できない仇《かたき》なのである。

（『韓非子』孤憤篇）

重人は、君主の権力を掣肘《せいちゅう》し、自らの権力を伸長させます。このため、君主は明察で勁直な法術の士を採用して、重人を打倒しなければ、君主権力を伸長できないのです。それでは、君主は、国の内外だけではなく、君主自身から守られていることもある重人をどのように排除していけばよいのでしょうか。

君主が実際の功績によって（臣下の）知恵や行動を詳細に明らかにせず、証拠を対照することで罪過を詳細に調べずに、側近や近親の言葉だけを聴いていると、無能の士が朝廷におり、愚かで汚れた官吏が官職に就くことになる。大国の憂いは、大臣の権力が重くなり過ぎることにある。小国の憂いは、側近が信任され過ぎることにある。これは君主のだれもが、共通に憂うることである。

（『韓非子』孤憤篇）

功績や罪過を調べるときに「証拠を対照する」という部分の原語は、「参伍《さんご》」です。これは、揚権篇《ようけん》では、「形名参同《けいめいさんどう》」という言葉で、さらに明確に説明されています。「形」は行動、「名」は言葉、「参同」は比較して一致させる、という意味です。すでに述べたように、「形名（刑名）」は、韓の最盛期に活躍した申不害《しんふがい》が重視したことでした。韓非は、さらにそれを精密にして、臣下は進言によって用いられることを求め、君主はその進言をしっかりと押さえておき、臣下は進言に合う実績を上げるように勤め、君主は進言と実績とを突き合わせ、一致が見られるか否かで臣下を判断する必要があるとしたのです。

君主が臣下の進言と実績とを突き合わせることを「形名参同」と呼び、韓の最盛期を築いた申不害は、これを君主の術として重視しました。これを承けて、韓非は、重人が法術の士に比べて圧倒的に有利な中で、君主が「形名参同」の術を身につけることにより、重人の妨害を撥《は》ね除《の》けて法術の士を登用・信頼しない限り、君主権力は伸長しない、と説いているのです。

これを怠《おこた》ることで君主がその地位を失うことを孤憤篇は、次のように描いています。

ある国を所有する者が、地は広く民は多いといっても、君主の権力が塞がれ、大臣が権力を専らにしていれば、（その国は君主自身のものではないので、遠くて無関係と思っている）越《えつ》の国と同じである。……人が斉《せい》は亡んだというのは、土地と城市が失われたのではない。君主である呂氏《りょし》が国を制することができず、臣下の田氏《でんし》が権力を握ったことをいう。また晉《しん》は亡んだというのも、土地と城市が失われたのではない。晉の君主である姫氏《きし》が国を制することができず、六卿《りくけい》（六人の大臣）が権力を専らにしたことをいうのである。

（『韓非子』孤憤篇）

三十八頁でも述べましたが、秦王政が、孤憤篇・五蠹篇を読んで、「ああ、寡人《わたし》はこの人と会い、話すことができたら、死んでも恨みはない」と言ったほどの共感を覚えた理由は明白でしょう。秦王政は、斉では権力を奪われた君主の姓である「呂」氏という「重人」に、幼少期から長らく権力を掌握されてきました。自分がなかなか打倒できなかった呂不韋《りょふい》を打倒するための「形名参同」という君主の術が、韓非の書には記されていたのです。これが、秦王政が韓非に強く惹かれた理由なのでした。

和氏の璧

韓非は、君主が自らの権力を伸長させる「法術の士」を見つけ出すことの難しさと、見つけ出すための方法論である「形名参同《けいめいさんどう》」を孤憤篇で主張しました。続く、和氏《かし》篇では、説話を使って人材を見つけ出すことの難しさを説明しています。そのための素材となる説話が「和氏の璧《へき》」です。日本では「完璧」の故事との関わりで知られる玉《ぎょく》です。次に掲げる説話の後に、「和氏の璧」を手にいれた趙《ちょう》に対して、秦《しん》の昭襄王《しょうじょうおう》が十五の城と「和氏の璧」の交換を迫ったところ、趙の使者となった藺相如《りんしょうじょ》が、城を渡す気がない昭襄王から璧を無事に持ち帰り、「璧を完《まったく》する」ことができた故事から、「完璧」という言葉が生まれました。また、十五城もの価値がある「和氏の璧」は、「連城《れんじょう》の璧」と呼ばれるようになります。

それほど高い価値を持った「和氏の璧」も、君主の側にそれを求める気持ちがなければ、なかなか見つけ出してもらえなかったことを『韓非子』和氏篇は、次のように描いています。

楚の人である和氏《かし》が、楚山《そざん》の中で璞玉《あらたま》（磨いてない玉）を見付け、捧げ持って厲王《れいおう》に献上した。厲王は、玉工《ぎょくこう》に鑑定させたところ、玉工は「ただの石です」と申し上げた。厲王は、和氏が自分をだましたと思い、和氏の左足を斬った。厲王が死に武王が即位すると、和氏はまた璞玉を捧げて、武王に献上した。武王は玉工に鑑定させたが、（玉工は）やはりまた「ただの石です」と申し上げた。武王も、和氏が自分をだましたと思い、和氏の右足を斬った。武王が死に文王が即位した。和氏は璞玉を抱いたまま、楚山の麓で大声で泣いた。三日三晩泣き続け、涙は涸《か》れて、血が目から流れ出た。王はそれを聞いて、人をやって、訳を尋ねさせた。「天下で足斬りの刑に処せられた者は多いのに、おまえはなぜ悲しそうに泣くのか」。和氏は、「わたくしは足が斬られたのを悲しんでいるのではありません。これほどの宝玉を石と言われ、正しい人間なのに、だましたと言われたことが悲しいのです。そのために泣いております」と申し上げた。王は、そこで玉工に言いつけて、璞玉を磨かせてみると、果たして宝玉であった。そのまま名をつけて「和氏の璧」と呼んだ。

（『韓非子』和氏篇）

玉を「法術の士」の持つ「法術」、玉工を君主の信頼する重人《じゅうじん》に置き換えてみると、韓非が説話に込めている意図がよく分かります。韓非は、それを次のように説明します。

そもそも宝玉は、君主がとても欲しがるものである。和氏の璞玉《あらたま》が美しくなかったとしても、君主の害にはならない。それでもなお両足を斬られたあと、始めて宝玉であると見分けられた。宝を見分けることは、これほどまでに難しい。いま君主が法術の士を欲しがるのは、和氏の璧を欲しがるほどではない。また群臣や人民の悪計を禁ずる（のも、和氏の詐欺を罰したほど厳しくすることはない）。となると法術の士が、死刑にならずに済んでいるのは、まだ帝王に献上すべき璞玉（法術）を懐《ふところ》にしたまま、献上していないからである。君主が術を用いるようになれば、大臣は専断ができないし、側近は権力を売りつけられない。百官が法を行なえば、遊民は農耕に励まざるを得ず、遊士も戦場に命を賭けざるを得ない。すなわち法術は、群臣や人民が災難と思うものである。君主があえて大臣の議論に反対し、愚民の非難を跳ね返して、正しい説に同調しようとしなければ、法術の士が死に至っても、その説く道は決して見分けられないであろう。

（『韓非子』和氏篇）

韓非が「和氏の璧」の説話で言いたかったことは、君主が努力しない限り、「璧」に匹敵する「法術の士」は手に入らない、という主張です。すなわち、前篇の孤憤篇で論理的に述べていたことを説話の説得力を利用して、君主に納得させようとしたのです。

それでは、君主権力を強化する者は、群臣にも人民にも好まれないのでしょうか。本当に国家を強くするのであれば、群臣の中には「法術の士」の主張に賛成する者もあるのではないでしょうか。そうした疑問を否定するため、韓非は、呉起《ごき》と商鞅《しょうおう》という代表的な「法術の士」についての史話を続けていきます。

呉起と商鞅

『韓非子』の和氏篇は、「和氏の璧」に続けて、韓非に先行する法家として最も著名な商鞅と、兵法家としても名のある呉起（呉子）の史話を掲げて、君主に見つけ出されることの難しさに加えて、君主のもとで改革していくことの厳しさを説明していきます。

むかし呉起《ごき》は楚《そ》の悼王《とうおう》に教えて、楚国の風俗を指摘して、「大臣の権力があまりに重く、（春申君のような）封君《ほうくん》が多過ぎます。これでは（かれらの権力が）上は君主を凌《しの》ぎ、下は民を虐《しいた》げます。これは国を貧しくし、兵を弱くする道です。封君の子孫は、三代で爵禄《しゃくろく》を没収し、百官の俸給を減らし、不急の冗官《じょうかん》を少なくして、選り抜きの兵士を養うべきです」と言った。悼王はそのとおりにしたが、一年で薨去《こうきょ》した。呉起は楚で八つ裂きにされた。

商君《しょうくん》（商鞅《しょうおう》）は秦《しん》の孝公《こうこう》に教えて、什伍《じゅうご》の制（連座制）を作り、告坐《こくざ》（犯罪を知り密告しなければ連坐する）の罰則を設け、『詩』『書』を焼き法令を明らかにし、私門の請託《せいたく》を塞ぎ、国家に功労ある者を昇進させ、遊民を禁じ、耕戦の民を顕彰させた。孝公はそのとおりにし、君主は尊く安泰に、国は富強になったが、八年たって（孝公が）薨去すると、商君は秦で車裂きにされた。

（『韓非子』和氏篇）

楚における呉起の改革、秦における商鞅の変法は、『史記』にも記されています。楚は呉起の改革を全く継承できず、君主権力が確立しませんでした。これに対して、秦は商鞅を殺した恵文王《けいぶんおう》以降、歴代の君主が商鞅の変法を継承したので、「戦国の七雄」から一強となり、韓を滅ぼそうとしています。しかし、ここでの韓非は、二人の相違点よりも共通性に注目します。二人が「法術の士」として活躍できたのが、君主の信頼にあり、その君主が亡くなることで、共に殺されたことです。こうした中で、「法術の士」を登用するためのに、君主はどうすればよいのでしょう。

楚は呉起を用いきれずに（領土は）削られ（国は）乱れた。秦は商君の法を行い（国は）富み（兵は）強くなった。二人の説は、正しかった。それなのに呉起を八つ裂きにし、商君を車裂きにしたのはなぜか。大臣は法術を苦にし、細民《さいみん》は統治を嫌がるからである。今では、大臣が重い権力を貪り、細民が世の乱れに安堵《あんど》していること、秦・楚の風俗より甚だしい。しかも君主は、悼王・孝公のような聴く耳は持たない。それでは法術の士は、どうして呉起や商君のような危険を冒してまで、自分の法術を説き明かすことができようか。これこそ世が乱れて覇王《はおう》が出ない理由である。

（『韓非子』和氏篇）

韓非は、国家を強くしようと思うのであれば、君主が悼王や孝公のような聴く耳を持つべきである、とします。そうした君主がいないために「覇王」がでないのである、という主張は、そうした君主が現れれば、「覇王」に成り得ることの裏返しなのです。始皇帝は、韓非のこれらの主張を実践しました。「法術の士」である李斯の献策に聞く耳を持ち、形名参同により臣下の能力を判断して、中国を統一していったのです。韓非の思想は、五百年続いた戦乱の世を終わらせ、中国の統一をもたらす大きな要因となったのです。

それでは、逆に「法術の士」は、どのようにすれば、用いられるのでしょうか。それを説明する篇が、司馬遷が感銘を受けて、韓非の列伝にまるごと引用する説難《ぜいなん》篇です。

逆鱗

説難篇も孤憤篇と同じように説得術を説く篇ですが、孤憤篇が君主の側から「法術の士」を採用するための篇であったことに対して、説難篇は、惑乱されている君主に向かって、説き聞かせるための態度を臣下の側から説明したものです。前漢《ぜんかん》の武帝《ぶてい》に対して、匈奴《きょうど》に敗れた李広《りこう》を弁護して失敗し、死刑を免れるために宮刑《きゅうけい》を受けて宦官《かんがん》となった司《し》馬遷《ばせん》は、説難篇が心に響いたのでしょう。『史記《しき》』韓非列伝では、韓非の生涯を概述する以外は、すべて説難篇を引用して、韓非の主張を代表させています。

『韓非子』の思想の中心は、国家の法と君主の術ですから、臣下の立場だけを述べる説難篇は、司馬遷のように中心の篇と考えることはできません。前の孤憤篇が君主の立場から、自説を説くことの難しさを説いていることと対《つい》になって、臣下の側から説得術の重要性を述べる篇です。

韓非は、説得術の難しさは、自分の知識や弁舌が足りないことにはなく、君主に受け容れられるか否かにあるとします。そのために把握しなければならないことは、君主の心理です。

　およそ人に意見を説き聞かせること難しさは、説き聞かせる相手の君主の心を見抜き、その心にぴたりと自分の説を適合させることにある。

（『韓非子』説難篇）

そのためには、君主の隠された意識に触れないようにし、君主の自尊心を傷つけないようにすることが重要になります。孤憤篇で述べていたように、君主は自分の権力を奪う者、利用する者への猜疑心が深いので、それを逆手に取って、君主を説得できる状況を作らなければなりません。

人に説く場合に務めるべきことは、説く相手の誇りに思うことを飾りたて、恥に思うことを消してあげることを心得ておくことにある。……説く者の論旨は、相手の意向に逆らわず、言葉使いは、相手の意向に触れることがない。このようになってから始めて、知恵の弁舌を思うがままに振るう。これが、相手から親しまれて疑われず、言わんとすることを十分に尽くすことができる方法なのである。

（『韓非子』説難篇）

これは、君主だけではなく、すべての人への説得に必要な前提条件かもしれません。韓非は、君主の心理を知って、それに対応するだけでなく、さらに積極的に君主に取り入っていくための理論を展開しています。君主の自尊心・猜疑心を逆に利用して、説得を可能にするための立場と条件をつくり上げていくのです。

そして、有名な「逆鱗《げきりん》」の故事により、君主と向き合うことの難しさをまとめています。

そうであるから、君主に愛されているときは、こちらの知恵は君主の意に叶って、ますます親しまれるが、君主に憎まれるときは、こちらの知恵は君主の意に叶わず罪せられて、ますます疏《うと》んじられるものである。このため君主に諫言し談論しようという士は、自分を愛してくれる君主であるか、自分を憎んでいる君主であるのかを見極めて、そののちに説くようにしなければならない。

そもそも龍という動物はおとなしい。馴《な》らして人が背に乗ることもできる。しかし、その咽喉《のど》の下に、さしわたし一尺ばかりの逆鱗《げきりん》（さかさに生えたうろこ）がある。もし人がこれに触れることがあれば、龍は怒って必ず人を殺す。君主にも逆鱗がある。説く者が、君主の逆鱗に触れないようにできれば、説得の成功が期待できる。

（『韓非子』説難篇）

このように説難篇は、「法術の士」をはじめとする進言者は、君主の「逆鱗」に触れることなく、自らの主張を説くべきことを主張します。それでは、なぜ君主は、龍に譬《たと》えられるほどの絶対的な権力を持つものなのでしょうか。あるいは、どうすれば絶対的な権力を持つことができるのでしょうか。

第四章　道と君主

法を尊ぶ理由

君主が「法術の士」の説を聴く力を持ち、「法術の士」が大臣の権力を掣肘《せいちゅう》し、庶民を統治すれば、君主は覇王《はおう》になれると韓非は主張します。それは「法術の士」が、統治に法を用いるためです。君主は「形名参同」を用いて、臣下が法により実効性のある統治をしているか否かを確認すれば、国家は強大化していく、とするのです。では、そもそも「法」により支配することは、なぜ有効なのでしょうか。

韓非その人の著作ではなく、韓非後学の編纂と考えられている有度《ゆうど》篇では、法による支配の有効性を次のように主張しています。

法により国を治めれば、手を上げ下ろしするだけである。法は貴人にもおもねることはない。それは墨縄《すみなわ》が曲がった木に（遠慮して）自分を曲げないのと同じである。法が施行されれば、知者も言い抜けできず、勇者も抵抗できない。過ちを罰するには大臣をも避けない。善を賞するには賤民をも忘れない。だから上の失敗を矯正し、下の邪悪を難詰《なんきつ》し、乱を治めて、もつれをほどき、法の外に出た者を排除し、不法な者を整え、民の行動を一つにするのに、法にまさるものはない。官吏を励まし人民を脅し、淫《みだ》らで怠《おこた》る者を斥け、詐欺を止めるには、刑にまさるものはない。刑罰が重ければ、身分が高いから低い者を侮ることはできない。法が明らかであれば、上の者は尊く侵される恐れはない。上の者が尊く侵されなければ、君主は強力で、守る方針は要領を得る。そこで先王は法を貴び伝えたのである。君主が法を捨てて私情を用いれば、上下の区別はつかなくなる。

（『韓非子』有度篇）

有度篇は、引用しなかった部分で、韓非の死後に起こる荊《けい》（楚《そ》）・斉《せい》・燕《えん》・魏《ぎ》の亡国が記されており、『韓非子』全体としては否定される「先王」が、ここでは「法を貴び伝えた」とされています。このため、古来、韓非の自著ではなく、韓非の後学が、『管子《かんし》』明《めい》法《ほう》篇の影響も受けながら、韓非の説をまとめたものと考えられています。誤解を恐れずに言えば、始皇帝により法の支配が実現した後に、そうした世界の素晴らしさを賛美した文章として、読むことができます。

それでは、韓非やその後学は、なぜ君主が、法より上にあると考えるのでしょうか。われわれが生きる現代の日本では、国民主権のもと天皇も法に則るべき存在とされています。これは、西欧、なかでもイギリスの市民革命を経て形成された「法の支配」の考え方です。ここでの「法」は、君主や議会が決めた法律ではなく、それらの基礎となる自然法と考えられます。それは国家のありようを定め、権力を拘束する法です。日本では、それを成文化したものとして憲法を位置づけています。

これに対して、韓非が考え、始皇帝が施行した法は、民を支配するための法であって、始皇帝の権力を縛るものではありません。なぜ、韓非は君主が無制限な力を持つべきだと考え、その正統性をどこに求めたのでしょうか。韓非の師にあたる荀子の考えから見ていきましょう。

荀子の礼

荀況《じゅんきょう》（前二九八～前二三八年？）は、荀子《じゅんし》という他の諸子百家と同様の呼び方のほか、荀卿《じゅんけい》（漢代には孫卿《そんけい》）という尊称を持ちます。『史記』荀卿列伝によれば、趙《ちょう》に生まれた荀子は、五十歳で斉《せい》の襄王《じょうおう》に仕えて、諸子百家の中心となっていた「稷下《しょくか》の学」（王立学士院）の「祭酒《さいしゅ》」（学長）となりました。荀子は、儒家に分類されますが、その弟子に李《り》斯《し》・韓非《かんぴ》という法家を輩出したように、総合的な学問を身につけていました。後に、讒言《ざんげん》を受けて斉を去り、楚《そ》の宰相の春申君《しゅんしんくん》に用いられて、蘭陵《らんりょう》令《れい》となり、任を辞した後も、その地に滞まり続けました。三国《さんごく》時代の荀彧《じゅんいく》たちは、その末裔であるといいます。

戦国《せんごく》末から漢《かん》初の儒家によりまとめられた『荀子』は、修身派・治国派・理論派などに分類される荀子の後学たちが、比較的純粋な荀子の思想を伝えた三種に分類される諸篇と、荀卿その人に直接の関わりを持たない雑篇から成ります。荀子の思想で最も有名なものは、孟子《もうし》の性善説《せいぜん》と比較される性悪説《せいあく》です。しかし、『荀子』思想の本流は、修身派が説く「礼《れい》」の思想でした。先生の下で体系的に礼を学び、礼を身につけた君子になることこそ、荀子が求めた人としてのあり方でした。学問の有用性は、『荀子』冒頭の勧学篇《かんがく》に説かれ、日本では、「青は藍《あい》より出て藍より青し」という言葉でも知られます。荀子は、社会的分業を前提として、統治者となり得る君子の養成を教育を通じて目指したのです。

荀子は、礼には国家を統治するための公正な精神があるとして、国家の法や制度は、それに基づいて構築されるべきであるとします。君主を頂点として、礼を修めた君子が官僚となり、法に基づき庶民を統治するのです。こうした考え方は、李斯や韓非に受け継がれ、秦の中央集権的な官僚制度の理論的な背景となっていきます。

荀子は、礼による統治を中心とする人間の営みを重視して、人を天と地の高みに押し上げていきます。これを「三才思想《さんざいしそう》」と呼びます。天地と人との関係は、『荀子』王制篇《おうせいへん》に次のように記されています。

天地は君子を生み、君子は天地を理《おさ》める。君子というものは、天地の参《さん》であり、万物の総《そう》であり、民の父母である。

（『荀子』王制篇）

ここでの「君子」とは、具体的には君主を指します。君主は礼により統治することで、天と地を治める役割を果たすというのです。それによって、君主（人）は、「天」と「地」に並ぶ「参（三）」、すなわち天地と同格に位置づけられ、万物のすべてとなり、民の父母となると主張するのです。

こうした天・地と人との関係は、『荀子』天論篇《てんろんへん》では、次のように表現されています。

天は、その時（四季の移り変わり）を持ち、地はその財（生産物）を持ち、人はその（礼による）治を持つ。これにより（人は天地と並んで）参となれるのである。

（『荀子』天論篇）

このように『荀子』において、天・地に並ぶものと押し上げられていた人、すなわち君主を『韓非子』は「道《みち》」と一体の存在と位置づけることで、法により民を一方的に支配する君主の正統性を説くのです。

君主は道

『韓非子』は、揚権《ようけん》（揚権《ようかく》）篇《へん》・主道篇《しゅどうへん》において、君主は、「道」のあり方に則り、「形《けい》名参同《めいさんどう》」により臣下を統治すべきことを説いています。

そもそも道は、広大で無形であり、徳は、明確な道理で遍《あまね》く存在する。生きるものすべては、よく汲《く》み取ってこれを用い、万物は分《ぶん》に応じて、これを自分のものにしている。万物は道によって成り立ち、道そのものの安泰な様子には関わらない。道は、万物のなかに降りていき、至るところに存在し、時と共に興廃する。（君主は臣下について）名と実を突き合わせ、職分をわけた上で、自身は各細目を一括して把握し、群臣の真偽を尽く理解する（ために形名参同を行う）。……道には並ぶものがない。だから「一」とよぶ。そのため明君は一人であることを尊重する。君と臣とは道を異にするのである。

（『韓非子』揚権篇）

このように『韓非子』は、道が広大で無形なこと、万物が道によって成り立つことを述べます。そのうえで、道には並ぶものがなく「一」と呼ばれるように、明君は他の臣下とは、あり方を異にする「一」でなければならないと主張するのです。これら臣下の中には、君主の伯父や弟なども含まれます。すなわち、君主が唯一無二の絶対君主として、他のすべての上に屹立《きつりつ》するのは、あたかも「道」が並ぶものがなく、「一」であることと同様である、とするのです。『荀子』によって、「天」や「地」と並ぶものとされていた君主は、『韓非子』では、天や地を含む万物を成り立たせる「道」と同じである、と位置づけられるに至ったのです。

『韓非子』の主道篇は、それを次のように表現しています。

道というものは、万物の始めであり、是非《ぜひ》の本《もと》である。このため明君は、その始めを守ることによって、万物の源を知り、その本を治めることによって、成敗の分かれ目を知るようにする。そのために明君は、心を虚しくして静かな態度で相手の出方を見守って、臣下自身の方から自然に自分の主張を説明させ、仕事の実績を定めるようにするのである。

（『韓非子』主道篇）

『韓非子』は、道を万物の始めで、是非の本と定義します。そして明君を「道」を体現する者と考えて、自らが「虚」であり「静」であることで、臣下の実態を把握し、「形名参同」を行うことを説くのです。

揚権篇・主道篇は、韓非の自著とされておらず、その後学が、韓非の主張を体系化したものと考えられます。具象を抽象化するためには、哲学があると容易です。道が万物の始めである、道には並ぶものがなく「一」である、と主張する揚権篇・主道篇には、『老《ろう》子《し》』の哲学が援用されています。

老子の道

孔子が始めた儒家は、様々な事象への人間の主体的関与を説きますが、老子を創始者と仰ぐ道家は、「無為自然《むいしぜん》」などを主張し、法家や黄帝の思想とも結びついて黄老《こうろう》思想と呼ばれて、前漢《ぜんかん》中期まで広く尊重されていきます。諸子百家の説明でよく用いられる老荘《ろうそう》思想という呼び方は、前漢中期の『淮南子《えなんじ》』で始めて本格的に用いられる概念です。

道家の祖とされる老子《ろうし》は、生没年や事跡が分かりません。その著作とされる『老子』は、多くの人の手に成るもので、現行本の『老子』は、前漢まで成立がずれ込みます。『老子』の根本思想は、万物を生成・消滅させながら、それ自身は生滅を超えた実在である宇宙天地の理法として「道《みち》」を設定することにあります。道家と呼ばれる理由です。人為《じんい》を去って「道」に従ったあり方を「無為自然」と称し、その体得者を聖人と呼んで、天下を支配できるとしています。

戦国中期の荘子《そうじ》は、『淮南子』以降、老子の思想を承《う》けて道家思想を大成したとされますが、両者の思想には、大きな差異があります。荘子の思想の中核をなす「万物斉同《ばんぶつせいどう》」論は、現実世界における大小・長短・是非・善悪・生死・貴賤といった、あらゆる対立差別の諸相が止揚《しよう》して、個が個としての本来的価値を回復し、何ものにも囚われない絶対自由の境地に至り得るという観念論です。荘子は、これにより人間性を回復し、十全の人生を送ることを目指しました。換言すれば、人間存在に必然的に付随する苦悩からの解脱《げだつ》を説いたのです。後に仏教経典が、荘子の概念を使って翻訳されていく理由はここにあります。

これに対して、『老子』は、万物の根源である「道」を尊重し、君主がそれに沿ったあり方をすることを尊重します。「道」と君主の関係について、『老子』第二十五章は次のように説いています。

混然として（万物を）成り立たせているものが、天地よりも前から存在している。（それは）ひっそりとしていて（形がなく）、それ自体だけで成り立っていて（その本質は）変わることがない。あまねく行き渡っていて疲弊することなく、天下の母といえるものである。わたしはその名を知らないが、それに字《あざな》をつけて道《みち》といい、無理にそれに名を与えて大《だい》と呼んでいる。その大は逝《せい》（あまねく行き渡るもの）であり、その逝は遠《えん》（永遠に行き詰まらないもの）であり、その遠は反《はん》（他者からの影響を受けないもの）である。（また）そもそも道も大であり、天も大であり、地も大であり、王もまた大である。（称することのできる）領域の中に四つの大があり、王はそのうちの一つを占めるのである。人（の主である王）は地に則り、地は天に則り、天は道に則り、道は自然に則っている。

（『老子』第二十五章）

三国時代の曹魏《そうぎ》に仕えた王弼《おうひつ》は、「四つの大」について、「四大」とは、「道・天・地・王である」と注をつけています。このように王は、「道」と並称される存在とされているのです。君主が「道」を体現して「一」であるべきという『韓非子』の主張は、『老子』の哲学に基づいているのです。

絶対権力の行使方法

このように君主が絶対的に無制限な権力を持つことの正統性は、『老子』の哲学に基づき、「君主」が「道」であることに求められています。それでは、絶対的な権力を持つ君主は、その権力をどのように行使していけば良いのでしょうか。
『韓非子』は、君主は直接、賞罰という「二柄《にへい》」（二つの権力の柄《つか》、ハンドル）を行使することで、臣下に乗ずる隙《すき》を与えないようにすべきことを次のように説いています。

賢明な君主が、臣下を制御するために用いるものは、二つの権柄《けんぺい》である。二つの権柄とは、刑《けい》と徳《とく》である。では、何を刑といい、何を徳というのか。それは、殺戮《さつりく》を刑といい、褒賞《ほうしょう》を徳という。臣下というものは、刑罰を畏れて褒賞を利とする。だから君主が自ら刑と徳を用いれば、群臣は刑罰の威を畏れて、褒賞の利に就くであろう。ところが、世の姦臣《かんしん》は、そうはさせないようにする。自分の憎む者があれば、君主からその威を騙《だま》し取ってこれを罪し、愛する者があれば、君主からその利を掠《かす》め取ってこれを賞する。今もし君主が、賞の利と罰の威を自分の手から出さず、臣下の言うがままに賞罰をするとなれば、国中の人は、皆その臣下を畏れてその君主を侮《あなど》り、その臣下に就いて、その君主から去るであろう。これは、君主が刑と徳を失ったための弊害である。

（『韓非子』二柄篇）

『韓非子』は、君主権力の実体を賞罰の行使と考えています。したがって、君主が賞罰の二柄、すなわち、君主が臣下を統御する賞罰という二つの権柄を臣下に任せるならば、臣下が国中の民を自分に帰服させることになる、と警告しています。その事例として、『韓非子』は、斉《せい》の簡公《かんこう》のもとで賞罰の権を握った田桓《でんかん》（田常《でんじょう》）が簡公を弑殺《しいさつ》して平公《へいこう》を擁立したことをあげます。これにより、臣下であった田氏の権力は決定的なものとなり、田桓の孫である田和《でんか》が下克上をして、春秋時代の呂斉《りょせい》は滅び、戦国時代の田斉《でんせい》が成立したのです。

それでは、君主が二柄を臣下に握られないためには、どうすればよいのでしょうか。そのために『韓非子』は、「審合刑名《しんごうけいめい》」を重要視します。「審合刑名」は、揚権篇では「形名《けいめい》参同《さんどう》」と表現しており、すでに本書ではこの言葉で説明しているように、「形名参同」の方が有名です。

人主は、姦臣を禁じようと思うのであれば、審合刑名（審《つまびら》かに形と名〈実効と名目〉を合わせる）せよ、といわれる。その意味は、臣下の述べる言葉が実際の行動と違わないように比べるということである。臣下が仕事について述べれば、君主はその言葉によってかれに仕事を授け、その仕事について実績を要求する。その仕事に応じた実績が挙がり、先の言葉に相当する仕事ができれば賞し、言葉に相当の仕事がなければ罰する。このため群臣のうち、言うことが大きく功績の小さい者は罰を受ける。功績の小さいことを罰するのでない。功績が当初の名目に相当しなかったことを罰するのである。群臣のうち、言うことの小さく功績の大きい者もまた罰する。大きな功績を君が喜ばぬわけではない。実効が名目に相当しないとことの弊害は、大功があることの善さを相殺《そうさい》して余りあると思うために罰するのである。

（『韓非子』二柄篇）

信賞必罰

君主が臣下に対して、「形名参同」をして行うべきことは、信賞必罰《しんしょうひつばつ》です。興味深いことは、言ったことよりも大きな功績を挙げてもまた罰することでしょう。遠慮がちな日本人は、仕事で挙げる功績を小さく言いがちですが、それで大きな功績を挙げると罰せられるのです。二柄篇は、「侵官《しんかん》の害」という物語により、これを具体的に説明しています。

むかし韓《かん》の昭侯《しょうこう》が酔ってうたた寝をした。典冠《てんかん》（冠を管理する官職）は、君主が寒そうなのを見て、衣服を君主の上にかけた。（昭侯は）眠りから覚め（衣がかけてあったことに）喜び、側近の者に尋ねた。「誰が衣をかけたのか」。側近は、「典冠です」と答えた。君主はこれにより典衣《てんい》（衣を管理する官職）と典冠をともに罰した。典衣を罰したのは、職責を全うしていないためである。典冠を罰したのは、官職の役割を越えたためである。寒さを苦手としないわけではない。（他人の）職務を侵すことの弊害は寒さよりも重たいのである。明君が臣下を養うには、臣下は官職を越えて功績を挙げることはできず、言葉を述べてそれを実行しないことは許されない。

（『韓非子』二柄篇）

典衣が罰せられるのは、当然でしょう。自分の仕事を怠ったためです。『韓非子』の思想が明確に現れるのは、自分の仕事の範囲を越えた典官も罰せられることでしょう。臣下は、君主の定めた基準に従って君主に仕えなければならないのです。このため、君主が定める基準、すなわち「法」が必要なのです。

韓非が統治に法を用いる「法術の士」を登用し、「形名参同」を用いて、臣下が法により実効性のある統治をしているか否かを確認すれば、国家は強大化していく、と主張するのはこのためです。臣下をそのように用いるためには、君主が無制限な力を持ち、法より上にある存在でなければなりません。

このため『韓非子』は、君主を万物の始めで是非の本である「道」を体現する者と捉え、君主自らが「虚」であり「静」であることで、臣下の実態を把握し、「形名参同」により信賞必罰を行うべきことを主張するのです。

韓非は、絶対的な君主のもと、法により信賞必罰の柄を唯一絶対的な権力を持つ君主が掌握することで、専制国家を形成しようとしたのです。こうした韓非の主張と対立する思想を韓非は、国を蝕む五種類の蠹（悪い虫）として、批判しています。次章では、それを検討していきましょう。

第五章　国を蝕む五蠹

孔子と儒家

秦の始皇帝は、君主が臣下の力を見抜くため、「形名参同《けいめいさんどう》」の必要性を説いた孤憤《こふん》篇と共に、君主権力の伸長を蝕《むしば》む五つの悪い虫（五蠹《ごと》）を批判する五蠹篇に、たいそう感激したといいます。五つの虫の中心となるものは、儒家《じゅか》と墨家《ぼくか》です。韓非の批判を読む前に、孔子の始めた儒家とそれを批判する中で、自らの特徴を明確にしていった墨家について知っておきましょう。

孔子（前五五一～前四七九年）は、春秋の末期、魯国《ろこく》の昌平郷《しょうへいきょう》の陬邑《すうゆう》で生まれました。名は丘《きゅう》、字《あざな》は仲尼《ちゅうじ》といいます。母国の魯《ろ》を建て直すため、政治に関与する志を持っていました。その手段として、『論語』子路《しろ》篇に説かれることは「正名《せいめい》」です。「君は君、臣は臣、親は親、子は子」という名を正すことが、下克上を防ぐことに繋がる、としたのです。孔子は大義名分《たいぎめいぶん》を正すことで、社会秩序の回復を試みようとしたのでした。しかし、政治家としては志を得ず、生涯のほとんどを教育者として過ごした孔子は、「仁《じん》」を最高の徳目とする教えを創りあげます。

仁とは、人を愛することで、親を愛する「孝《こう》」の実践は、仁の根本です。この愛の及ぶ範囲を次第に拡大することで、仁は、最終的には人類愛へと到達します。それを実践するための心がけは、「忠恕《ちゅうじょ》（思いやり）」（『論語』里仁篇《りじん》）です。「自分の望まないことは人に仕向けない」（『論語』顔淵篇《がんえん》）ことは、その具体的な現れとなります。また、孔子は、人間が社会的存在であることから、「克己復礼《こっきふくれい》」すなわち自分の欲望を慎み、社会的規範の「礼《れい》」に従うことも仁である、としています。こうして、仁を中核に礼を重視する儒学の教えの基本が定まったのです。

孔子は、天命と鬼神《きしん》を語りませんでした。敬遠という言葉の語源である「鬼神《きしん》は敬して遠ざける」（『論語』雍也篇《ようや》）という態度は、古い呪術《じゅじゅつ》信仰を乗り越えようとした孔子の立場を象徴します。孔子の天への態度も、鬼神へのそれに似ています。孔子にとって天命《てんめい》とは、人間の力の彼方にあるものでした。孔子は、道徳と政治など明瞭に把握できる人間・社会の事象と、人間の力では把握できない事象とに分けて世界を認識しました。天命は後者です。しかし、それは人間と関係のないものではありません。孔子は「わたしを知る者は、天であろうか」（『論語』憲問篇《けんもん》）と天を信じ、「天が徳を予《わたし》に授けたのだ。桓魋《かんたい》ごときが予《わたし》をどうしようというのだ」（『論語』述而篇《じゅつじ》）と、天が自分を守ってくれると考えました。このため、孔子にとって天は、畏《おそ》れつつも知るように努めなければならない対象だったのです。

こうした認識の中で、孔子は人が人として懸命に生きることを説きました。「まだ生ということも分からないのに、どうして死のことが分かろうか」（『論語』先進篇《せんしん》）と述べた孔子は、人として生きていくために必要な日常道徳に関わる金言も『論語』の中に多く残しています。清《しん》の袁枚《えんばい》の言葉を借りれば、孔子は「最高の常識人」なのです。

孔子が始めた儒教は、始皇帝の秦が滅亡した後に成立した前漢の終わりになって、ようやく中国の全体に浸透し、後漢は儒教を国教とする「儒教国家」となります。秦までは、その儒教と「儒・墨」と並称され、始皇帝の弾圧によって絶学となるものが墨家です。

墨子と兼愛

墨子《ぼくし》（前四七〇？～前三九〇年？）は、孔子の影響を受け、それに対抗しながら自らの思想を練り上げます。その典型が「兼愛《けんあい》」です。孔子の仁が近くから遠くへ及ぼす段階的な愛であることに対して、兼愛は無差別平等の愛です。兼愛から派生するものが「非攻《ひこう》」です。墨子は戦争の原因を攻める側に求め、防衛のためには戦いも辞しませんでした。守城のための技術を磨き、他国に侵攻された城の防衛に参加して成果を挙げています。観念的に平和を唱えるだけでなく、戦争終結のために自らの武力を磨いたのです。その言行をまとめた『墨子』も篇に新旧があり、墨家と呼ばれる学派が次第に形成したものです。

また、墨子は「尚賢《しょうけん》」を掲げ、「官に常貴《じょうき》無く、民に終賤《しゅうせん》無し」と主張して、貴賤を問わず賢者を登用すべしと主張しました。「下克上」は暴力ではなく、賢によるべきで、賢であれば世襲的臣下ではなく、生まれの卑しい者でも重く用いるべきなのです。そのうえで、墨子は「尚同《しょうどう》」を主張します。賢者の考えに天子から庶民までの社会全体が従い、価値基準を一つにして秩序を守り、社会の繁栄を目指そうとしたのです。『墨子』の賢者の価値観は、四つの概念で示されます。「節用《せつよう》」は、無駄をなくし、物事に費やす金銭を節約すべきとする主張で、ここから「非楽《ひがく》」が導かれます。葬礼を簡素にし、祭礼での浪費を防ぐ「節葬《せっそう》」と共に、礼楽《れいがく》を尊重する儒家に対抗する思想です。そして、中国最初の国家である夏《か》を建国した禹《う》が励んだ労働を重視して、それを「非命《ひめい》」により裏付けます。宿命論を否定する「非命」によって、人は努力して働くことで自分や社会の運命を変えられると説いたのです。

　こうした教えに誘《いざな》う世界観として、墨子は「天志《てんし》」論を説きました。殷《いん》以来、中国の最高神であった上帝《じょうてい》（天）を人格を持つ主宰神と設定して、天の意思は人々が正義をなすことにあるとし、天意に背く憎み合いや争いを批判したのです。そして、「明鬼《めいき》」論により、善悪に応じて人々に賞罰を与える鬼神の実在を説き、戦争などの悪行を抑制しようとしました。これは、鬼神について語ろうとしなかった孔子に対抗して説かれた主張でありながら、儒家に大きな影響を与えていきます。

孟子の性善説

孟子《もうし》（前三七二?〜前二八九年）は、諱は軻《か》、字は子輿《しよ》といい、「亜聖《あせい》」（聖人孔子に次ぐ者）と称されます。魯の鄒《すう》の人で、母は孟子が葬式の真似をするので、墓地の側から市場の側に引っ越しました。すると、今度は孟子が商人の真似をするので、学校の側に移ったといいます。この「孟母三遷《もうぼさんせん》」は、前漢《ぜんかん》の韓嬰《かんえい》の『韓詩外伝《かんしがいでん》』を典拠とする比較的新しい説話です。孟子は、孔子の孫の子思《しし》に学んだとされますが、年代的に無理があり、子思の門人に学んだとする『史記』孟子列伝の記述に従うべきでしょう。それでも、やがて儒家の中で頭角を表し、各国に王道《おうどう》政治を遊説しました。その言行をまとめた『孟子《もうじ》』も篇に新旧があり、一人の著作とは考えられません。それでも、墨子《ぼくし》を激しく批判し、孔子の教えを継承して、儒家の基礎を定めた者が孟子である、との評価は揺るぎません。

「性」とは、人の生まれながらの心のあり方です。墨家に属するという告子《こくし》は、人の性には善も不善もなく、周《しゅう》の文王《ぶんおう》や武王《ぶおう》のような明君が現れれば民は善を好み、暗君であれば乱暴を好むようになると説き、またある人は、性が善である人も不善である人もいる、と説いていました。これに対して、孟子は、「人の性が善であることは、あたかも水が低いところに流れるようなものである」と述べ（『孟子』告子《こくし》篇上）、人の性は善であり、聖人も小人も、性はすべて善であるという性善説《せいぜんせつ》を主張します。

では、なぜ性は一様に善であるのに、人は時として不善をなすのでしょうか。それは、善なる性が外物により失われるためです。このため孟子は、「大人《たいじん》（大きな徳を持つ人）とは、その赤子《せきし》の心を失わない者である」と説いています（『孟子』離婁《りろう》篇下）。なお「赤子の心」の尊重は、『老子』も説いています。

人の性は善であるので、すべての人は、仁・義《ぎ》・礼・智《ち》という儒教の尊重する徳を持っています。人の身体に四つの手足があるように、心のなかにも惻隠《そくいん》（あわれみいたむ心）・羞悪《しゅうお》（悪を恥じ憎む心）・辞譲《じじょう》（譲りあう心）・是非《ぜひ》（よしあしを見わける心）の四つが本来的に備わっているのです。孟子は、これら四つの芽生え（四端《したん》）をそれぞれ仁・義・礼・智という完全な徳へ育てるべしと説きました。これを四端《したん》説といいます。人は、自らの持つ四端を伸ばすことにより、聖人にさえ成り得る可能性を持つのです。孟子は、このように自己修養の有効性を力強く説きました。

易姓革命論

また孟子は、天は天子に地上を統治させているが、徳を失った天子に見切りをつけると、天の命は革《あらた》まり天子の姓が易《か》わると説きます。易姓革命《えきせいかくめい》論です。革命という言葉は、のちに「revolution」の訳語に用いられますが、孟子の革命は、欧米の「revolution」とは異なり、社会体制の変革ではありません。変化するものは天子の姓であり、天子が天の正統性を背景に民を支配するという社会体制は変化しません。したがって、革命の主体は天子であり、天命の変化を悟った天子が自ら位を譲れば「禅譲《ぜんじょう》」、武力により天命を失った天子が追放されれば「放伐《ほうばつ》」と呼びます。

こうした易姓革命論は、下克上によって成立した国家も多かった戦国時代で、下克上により天子となった君主を正統化する論理となります。それと同時に、君主が王道に則《のっと》り仁政を布《し》かなければ革命が起こされると説くことで、儒家の政治思想に君主をも従わせる論理でもありました。前者を欲する君主も、後者には自発的には従いません。そこで、孟子は、禅譲と放伐によって、「三代」（夏・殷・周）よりも古い歴史を描くと共に、仮想敵としていた墨家の掲げる夏《か》の創建者禹王《うおう》に対する優越性を保証する存在として新たな天子を宣揚しました。それが堯《ぎょう》と舜《しゅん》です。

孟子は、堯・舜について、「堯・舜は天性のままに仁義を行った。湯王・武王は努力して仁義を身につけた」（『孟子』尽心《じんしん》篇上）と述べています。ここでは、堯・舜の天性のままの仁義に、「性善」の正しさを求めています。「孟子は性善を言い、言えば必ず堯・舜を称賛した」（『孟子』滕文公《とうぶんこう》篇上）と伝わるのは、孟子学派が、堯舜禅譲説話を学説の切り札としたことを示します。墨家が尊重する禹の上に堯・舜を置き、自らの学説の論拠とすることで、孟子学派は墨家を打倒し、儒家を諸子の中心に据えようとしたのです。
このような主張を持つ儒家と墨家は、戦国時代の二大思想でした。韓非は、これに真っ向から対決していきます。

国を蝕む五蠹

それでは、始皇帝が読んで感激したという五蠹《ごと》篇を見ていくことにしましょう。五蠹篇は、韓非の生きた時代に有力であった儒家《じゅか》と墨家《ぼっか》を批判しながら、「法《ほう》」と「勢《せい》」を用いることで、君主の権力を確立することを論じた篇です。篇目となっている五蠹（君主権力の伸長を邪魔する五つの悪い虫）について、韓非は次のように述べています。

乱れた国の風俗では、学者は「先王《せんおう》の道」を唱えて、「仁義《じんぎ》」に事寄せ、容姿を立派にして弁舌を飾り、それにより当世の法に疑念を持たせ、君主の心を迷わせる（これが五蠹《ごと》の一である）。古《いにしえ》を（理想として）談論する者は、虚構と詐欺《さぎ》をなし、外国の力を借り、私腹を肥やして社稷《しゃしょく》の利害を忘れている（これが五蠹の二である）。剣を帯びる者は、徒党を集め、節操を立てて名を挙げるが、国家の禁令を犯している（これが五蠹の三である）。君主に侍《はべ》る者は、私門に財を積み、賄賂を際限まで取り、重人《じゅうじん》（権力者の裏）からの依頼を聴き入れ、戦功のある者を登用しない（これが五蠹の四である）。商工の民は、すぐ毀《こわ》れる器に工夫を凝《こ》らし、湯水のように使い捨てられる金をかき集め、品物を買いだめして騰《あが》る時を待ち、農夫の利益を貪《むさぼ》り取る（これが五蠹の五である）。これらの五つの者は国の蠹《むし》である。君主がこの五蠹を除《のぞ》かず、真っ直ぐに行動する（法術の）士を養わなければ、海内《かいだい》に破れ亡ぶ国、削られ滅ぶ朝廷があっても、怪しむには足りない。

（『韓非子』五蠹篇）

これは篇末のまとめの文章です。韓非は、①学者・②古《いにしえ》を（理想として）談論する者・③剣を帯びる者・④君主に侍《は》べる者・⑤商工の民を君主権力の伸長を阻害する五蠹《ごと》（五つの悪い虫）であるとします。①学者は、「仁義」という言葉があるので儒家に限定されます。②談論する者も、古を理想とするので、儒家を中心とすると考えてよいでしょう。

これに対して、③剣を帯びる者は、墨家《ぼっか》を指します。墨家は「兼愛《けんあい》」に基づき「非攻《ひこう》」を説くだけでなく、諸侯の依頼を受けて城を守る戦闘集団でした。墨家の鉅子《きょし》（指導者）である孟勝《もうしょう》は、楚《そ》の陽城君《ようじょうくん》から守城を任されましたが失敗したため、然諾《ぜんだく》を重んじることを陽城君に示すため自死します。弟子も自ら進んで孟勝の節《せつ》に殉じて、百八十人が死んだといいます（『呂氏春秋《りょししゅんじゅう》』離俗覧《りぞくらん》上徳《じょうとく》）。墨家では、鉅子と弟子との間にパーソナルな結合関係があり、それが任侠《にんきょう》者のあり方へと繋がっていきます。任侠者は、自分を知る者のために死ぬので、君主の命に必ずしも従うことはありません。燕《えん》の太子である丹《たん》、直接的には丹に頼まれた田光《でんこう》の依頼を受け、秦王政の殺害に赴いた荊軻《けいか》は、任侠者の代表です。韓非は、こうした剣を帯びる任侠者の起源を墨家に求め、儒家と共に墨家を厳しく批判したのです。

④君主に侍べる者は近臣で、「重人《じゅうじん》」の手先となります。また、⑤商工の民のうち、より力があった者は商人です。秦王政が厳しく対立した呂不韋《りょふい》は、趙の都邯鄲《かんたん》の大商人でした。呂不韋が、元愛人で秦王政の母である趙太后《ちょうたいこう》にあてがい、秦王政に反乱を起こした嫪毐《ろうあい》は、君主（ここでは趙太后）に侍べる近臣でした。秦王政が五蠹篇を読んで、その分析と対策に感銘を受けた五蠹とは、儒家・墨家よりも近臣と商人であったと考えてよいでしょう。

儒家・墨家批判

しかし、それは秦王政の個人的な体験に基づく理解であり、『韓非子』五蠹篇が主たる批判対象とするものは、儒家と墨家です。五蠹篇は、儒家が「古《いにしえ》」を尊重することを次のような寓話で批判しています。

上古の世では、人間が少なく鳥獣が多かった。人間は、鳥獣・虫蛇《ちゅうだ》には勝てない。そこに聖人が現れ、木を組んで巣を作り、様々な害を避ける術を教えた。人々は喜んで、これを天下の王にした。その名を有巣氏《ゆうそう》という。人間は、草木の実、蚌蛤《ぼうこう》を食べていた。腥《なまぐさ》く悪臭があり、胃腸を傷めてよく病気になった。そこに聖人が現われ、木をすり合わせて火をおこし、それで腥ものを調理する術を教えた。人々は喜んで、これを天下の王にした。その名を燧人《すいじん》氏という。中古の世には、天下に大洪水があり、鯀《こん》（禹《う》の父）と禹（夏《か》の初代の王）が川の堤を切り海に流した。近古の世には、桀《けつ》・紂《ちゅう》が暴虐で、殷《いん》の湯王《とうおう》・周《しゅう》の武王《ぶおう》が征伐した。今もし夏后《かこう》氏の世（夏王朝）に、巣を組み、木をすり合わせて火をおこす人があれば、必ず鯀・禹に笑われよう。殷・周の世に、川の堤を切る人があれば、必ず湯王・武王に笑われよう。こうしてみると今の世で、尭《ぎょう》・舜《しゅん》・湯・武・禹の道を褒め称える人（儒家や墨家）がいれば、必ず新しい聖人に笑われよう。このように聖人という者は、必ずしも古《いにしえ》に従わず、常《じょう》（不変な道）に法《のっと》ることはない。当世のことを論じて、それに備えるのである。

宋《そう》（殷の後裔の国）の人が田を耕していた。田の中に切り株がある。そこへ走って来た兎《うさぎ》が、切り株にぶつかり、頸《くび》を折って死んだ。その人はそこで鍬《くわ》を捨て、切り株の番をして、また兎がぶつかるのを待っていた。しかし兎はもう手に入らず、その人は国中の笑いものになった。いま先王の政治により、当世の民を治めようとするのは、すべて守株《しゅしゅ》（切り株の番をする）の類いである。

（『韓非子』五蠹篇）

北原白秋《きたはらはくしゅう》が詩を作り、山田耕筰《やまだこうさく》が曲を書いた唱歌の「待ちぼうけ」で有名な「守株待兎《しゅしゅたいと》（株《くひぜ》を守りて兎を待つ）」の故事です。日本では、楽をして金儲《もう》けをしようと思うな、という教訓に用いるために、最後の一文を除いて流布《るふ》されました。しかし、韓非の言いたいことは、儒家が、「先王の政治」によって、「当世の民」を治める時代錯誤の主張への批判です。商鞅《しょうおう》の変法以来、新たな改革政治を遂行していた秦王政にとって、心に響く寓話であったことは間違いありません。

正直とは何か

儒家と法家との違いは、直躬《ちょくきゅう》（正直者）という概念にも明確に現れます。『韓非子』が批判の対象とした『論語』から先に掲げましょう。

葉公《しょうこう》が孔子に語って、「わたしの郷党《きょうとう》に直躬（身を正して行動する者）がいる。その父は（理由があって）羊を盗んだが、子はこれを証言した」と言った。孔子は、「わたしの郷党の正直な者はそれと異なります。父は子のために（かばい立てして）隠し、子は父のために隠します。正直さはその中にあります」と言った。

（『論語』子路篇）

たとえ親であり、理由があってしたことであっても、父の犯罪を証言する子を葉公は「直躬」である、と孔子に伝えます。これに対して、孔子は、父は子のために隠し、子は父のために隠すことこそ、人としての自然の感情であり、人として「正直」である、と主張しています。葉公が社会秩序として犯罪を罰する立場から正直を論じていることに対して、孔子は人の本来的な心のあり方として正直を論じていて、議論がかみ合っていないようにも見えます。このため、北宋《ほくそう》の邢昺《けいへい》は、『論語注疏《ろんごちゅうそ》』の中で、「子が過ちを犯し、父がそれを隠すことを慈《じ》とし、父が過ちを犯し、子がそれを隠すことを孝《こう》とする。慈孝は忠《ちゅう》であり、忠であれば、すなわち直であるため、「正直さはその中にある」と言っている」と解釈しています。儒教経典の『孝経《こうきょう》』などにより示される儒教の倫理観では、忠と孝は「一本」（一体）であるとされますので、それを用いて社会秩序と人間のあり方とを結びつけようとしているのです。

これに対して、『韓非子』は、次のように批判します。

楚《そ》に直躬という人がいた。自分の父が羊を盗んだので、役人に告げた。令尹《れいいん》（宰相）は、「直躬を死罪にせよ」と言った。君に対しては正直であるが、父に乱暴なためである。裁決してこれを罪に処した。こうしたことから考えてみると、君にとって正直な臣は、父にとって乱暴な子ということになる。魯《ろ》の人が君に従って戦い、三度戦って三度とも逃亡した。孔子がそのわけを聞くと、「わたしには年老いた父がおり、わたしが死ねば、養う者がおりません」と答えた。孔子は孝であるとして、取り立てて高位につけた。こうしたことから考えてみると、父にとっての孝子は、君にとっての叛臣である。このため楚では、令尹が直躬を罰したために、隠れた犯罪をお上に届ける者がなくなり、魯では、孔子が逃亡兵を賞したために、魯の民は敵に簡単に降参し逃亡するようになった。上下の利害は、このように異なっている。それなのに君主が、匹夫の道徳のみを取り立てて、国家の福利を招こうとしても、決して望むことはできない。

（『韓非子』五蠹篇）

国や君主ため命を落として忠を尽くせば、親を養う孝を全うすることはできません。君主に対する忠と親に対する孝のどちらを優先すべきかについては、儒教が国教となった後《ご》漢《かん》以降においても、忠孝先後《ちゅうこうせんご》論争がしばしば行われました。親への孝を尊重する儒教では、忠が優先と割り切れなかったのです。

これに対して、韓非は、忠が優先である、と明確に主張します。その物語を述べる前、『韓非子』は、次のように儒者と侠者（具体的には墨家）を次のように批判しています。

儒者《じゅしゃ》は文（学問）によって法を乱し、侠者《きょうしゃ》は武によって禁を犯す。それなのに君主は、儒者と侠者の両方を礼遇する。これは国の乱れるもとである。本来、法に背く者は罰せられるべきなのに、儒者は文の名により取り立てられる。禁を犯す者は罰せらるべきなのに、侠者は私的な武力として養われる。そこでは、法の非難するものが、君の取り立てるものになり、臣下の罰するものが、お上の養うものとなっている。法の非難とするもの、君の取り立てるもの、お上の養うもの、臣下の罰するもの、この四つが互いに矛盾しあって、定まるところがない。これでは黄帝《こうてい》が十人いても治められない。ゆえに仁義を行なう者（儒者）は褒めるべきでない。これを褒めれば実績を害する。文学（古典の学問）を習う者（儒者）は用いるべきでない。これを用いれば法律を乱す。

（『韓非子』五蠹篇）

このように述べた後で、韓非は、直躬を罰した楚と親のために逃亡した者を取り立てた魯が、衰退したと主張しているのです。それでは、韓非は、どのような政治をすべきと考えるのでしょうか。五蠹篇は、次のように主張しています。

賞は厚く信頼でき、民がこれを利とすることがよい。罰は重く必ず行い、民がこれを恐れるものがよい。法は一律に適用され、民がこれを理解できるのがよい。そうすれば君主は、賞を与えるのに時を移さず、罰を行なうのに目こぼしがない。世の名誉が賞の効果を助け、世の非難が罰に追い討ちをかける。こうなればすぐれた人も劣った者も、ともに力を尽くすであろう。

（『韓非子』五蠹篇）

賞がたとえ敵であっても功績を挙げれば必ず与えられるような信頼を持ち、罰がたとえ一族や友人であっても罪を犯せば必ず行われるような政治は、「信賞必罰《しんしょうひつばつ》」の政治です。それには、功績や犯罪の基準としての法が存在し、それが一律に適用され、民にも理解されることが前提となります。法に基づく信賞必罰、これこそ儒家と墨家を批判したうえで、韓非が五蠹《ごと》篇で主張することなのです。

韓非が主張した信賞必罰について、韓非の後学がまとめた内儲説《ないちょせつ》篇上には、次のような整理がなされています。

君主が臣下を統御するためには、七つの術が必要である。第一は、部下の言動を多くの証拠をつきあわせて調べること。第二は、罪を犯した者を必ず罰し、威厳を保つこと（「必罰して威を明らかにす」）。第三は、手柄をあげた者を必ず賞し、能力を発揮させること（「信賞して能を尽くさしむ」）。第四は、臣下の実績を責め正すこと。第五は、偽りの手段で臣下を使うこと。第六は、知っていることを隠して問いかけること。第七は、わざと反対の事を言って、反応を見ること。以上である。

（『韓非子』内儲説篇上）

第一は、すでに扱った「刑名参同」です。第二と第三を組み合わせたものが「信賞必罰」です。具体的には、『韓非子』外儲説篇右上《がいちょせつ》に、晉《しん》の文公《ぶんこう》が狐偃《こえん》に「民を心から戦わせるには、どうしたらよいか」と尋ねた話を載せます。狐偃は、「信賞必罰を確実に行うことです」と答えます。そこで文公は、「明日正午に集合せよ。時間に遅れたものは軍法により処罰する」と命じました。遅れた者は寵臣の顚頡《てんけつ》でした。（それでも）軍法により斬殺した、と記されます。これが親しい者でも罪があれば必ず罰し、遠い者でも功があれば必ず賞する信賞必罰です。これはまだよいでしょう。非は遅れた臣下にあります。

それに対して、第五から第七の術に至っては、君主が臣下を欺いています。このあたりに、法家の思想により成し遂げられた「中華統一」が、法家一尊の秦では十五年しか保ち得なかった一つの原因があるのではないでしょうか。後で詳しく検討していくことにしましょう。

このように儒家と墨家を批判し、信賞必罰の政治を説く五蠹篇を読んで、秦王政は韓非に会ったら死んでもよいと感激しました。そのためか五蠹篇には、始皇帝の政策と同じ主張も見られます。

このため明君の国には、（儒家が尊重する『詩経《しきょう》』・『尚書《しょうしょ》』のような）竹簡に書いた文章はない。法律を教えるべきである。先王の言葉はない。官吏を教師とすべきである。私闘の勇士はいない。（国の戦で敵の）首を斬るのが勇気である。

（『韓非子』五蠹篇）

始皇帝が李斯《りし》の献策により学問を法律だけに限り官吏を師とする焚書《ふんしょ》の思想です。五蠹篇は、『史記』に秦王政が読んだ篇と明記され、内容的にも韓非の思想の中核といえます。『韓非子』という本は、韓非だけの著作ではなく、その後学が韓非学派として受け継ぎ、書き加えてきた書籍ですので、始皇帝の政策を見て、その起源が韓非にあるように、後学が書き加えた可能性も残ります。それほどまでに、始皇帝は韓非の思想に惚れ込み、その思想を実現していこうと考えたのでした。

第六章　臣下を統御する「術」

術と申不害

韓非は、和氏《かし》篇の中で、「君主が術《じゅつ》を用いれば、大臣は専断を欲しいままにすることはできず、側近は君主の寵愛を売り物にできなくなる」と述べ、「術」によって臣下を操縦することの重要性を述べています。術は、韓の申不害《しんふがい》が用いたものでした。韓の釐侯《きこう》（昭侯《しょうこう》）に登用された申不害《しんふがい》は、術を用いて君主が臣下を統御できるようにした上で、公平な論功行賞により、君主権力の強化に努めました。韓非は、申不害が用いた術を尊重しているのです。ただし、韓非は、これまでも記述してきたように、自分たちを「法術の士」と呼んで、「術」だけでなく、それを「法」と並用する必要性を強調しています。

これを承けて、韓非の後学は、『韓非子』定法《ていほう》篇の中で、申不害の「術」と商鞅の「法」を比べながら、次のように述べています。

問う者が尋ねた、「申不害《しんふがい》と公孫鞅《こうそんおう》（商鞅）、この二人の説（術と法）では、どちらが国家にとって大切でしょうか」。答えて、「これは軽重を比べられない。人は食べなければ十日で死ぬ。大寒のひどい時に衣服を着ないでも死ぬ。ここで、食べ物と衣服と、どちらが人に大切かといえば、どちらも欠くことができない。生命を保つためには共に必要である。いま申不害は術《じゅつ》を主張し、公孫鞅は法《ほう》を重視する。術とは、臣下を任じて官職を授ける際に、（臣下が予め述べた）名目に従って後の実績を求めることである（これが形名参同《けいめいさんどう》である）。（臣下の）殺生の二柄《にへい》を手にしながら、群臣の能力を試すものである。この術は、君主が握るものである。法とは、定められた令が役所に明記され、民が（法令に違反すれば）必ず刑罰が免れられないことを心に刻み込むことである。賞は法を遵奉する者に与えられ、罰は法を犯す者に加えられる（これが信《しん》賞必罰《しょうひつばつ》である）。この法は、臣下が師として尊重するものである。君主に術がなければ、上にあって耳目《じもく》を蔽《おお》われる。臣に法がなければ、下に叛乱が起こる。術と法とは、どちらも欠くことのできない帝王の（支配のための）手段である」といった。

（『韓非子』定法篇）

術は、申不害が説く臣下の監視方法で、形名参同《けいめいさんどう》という原則で君主が臣下に用いるもので、法は、商鞅が最も重視した国家の支配意思で、信賞必罰《しんしょうひつばつ》という原則で臣下が民に用いるものです。『韓非子』は、このように術と法を定義づけたうえで、これを共に用いることを主張します。申不害は術、商鞅は法をそれぞれ単独で用いました。そうではなく、法と術の両者を併用することが必要なのです。『韓非子』は、「術」を七つに分けています。具体的にみていきましょう。

七　術

『韓非子』の内儲説《ないちょせつ》篇上は、「七術《しちじゅつ》」を概念的に規定したのち、それを説明し、それらの理解を助ける具体的な物語を加えています。『韓非子』の版本の中には、儒教経典《けいてん》の「経《けい》」（聖人の言葉、本文）と「伝《でん》」（経の解釈）に合わせて、前者の概念規定を「経」、後者の物語を「伝」と分けているものもあります。ここでは、「経」にあたる概念規定から掲げていきましょう。

> 君主の用いる術は「七術」であり、観察する（心の）機微は「六微《りくび》」である。七術とは、一に衆端参観《しゅうたんさんかん》（衆人の口の端々で照らし合わせて見る）。二、必罰明威《ひつばつめいい》（罪があれば必ず罰して威を明らかにする）。三、信賞尽能《しんしょうじんのう》（功があれば賞して能力を尽くさせる）。四、一聴責下《いっちょうせきか》（臣下の言葉を一々聞いて、結果が合うことを要求する）。五、疑詔詭使《ぎしょうきし》（わざと疑わしい命令を出し、人を使うのに逆の言い付けをして迷わせる）。六、挟知而問《きょうちじもん》（知っていることを知らぬふりをして下に問う）。七、倒言反事《とうげんはんじ》（褒めるべきものを誹る倒言、憎む相手を可愛がる反事をする）である。この七つは、人主が用いる術である。
>
> （『韓非子』内儲説篇上）

三の「信賞尽能」と二の「必罰明威」の最初の二字を合わせると「信賞必罰」になります。信賞必罰は、「法」を代表する概念で、「術」を代表するのは、一の「衆端参観」が中心であり、無理に七つにまとめた感じが否めません。それでも、四字を二字に縮めたあとの説明を踏まえて加えられている物語をそれぞれ一つずつ見ていきましょう。

（1）参観《さんかん》

『韓非子』は、参観について、次のように定義しています。

臣下の行為を観《み》て、臣下の言葉を聴いて、両者を互いに突き合わせて調べなければ、臣下の実情は君主の耳まで届かない。君主が臣下の言葉を聞くのに、ただ一人だけを門口にするのであれば、臣下は君主の明察を遮《さえぎ》り塞ぐ。

（『韓非子』内儲説篇上）

そして、『韓非子』は、次のような物語で参観を説明します。

（魏の臣下の）龐恭《ほうきょう》が、魏の太子と一緒に邯鄲《かんたん》（趙の都）に人質に行くおりに、魏王に、「いま一人の人間が「市場に虎が出た」と言ったとします。王は信じられますか」と言った。王は、「信じない」と答えた。「二人の人間が「市場に虎が出た」と言ったとします。王は信じられますか」と言った。王は、「信じない」と答えた。「三人の人間が「市場に虎が出た」と言ったどうでしょう」と言った。王は、「わたしは信じる」と言った。そこで龐恭は、「そもそも市場に虎の出るはずのないことは明らかです。それでも三人が言えば、虎を成します。いま邯鄲は市場よりも遥か遠くに魏から隔《へだ》たります。わたしのことをとやかく批判する者も、三人どころではありますまい。どうか王には、これをよくお考えください」と言った。だが、龐恭が邯鄲から帰ってきた時、とうとう王に目通りが叶《かな》わなかった。

（『韓非子』内儲説篇上）

「三人市虎《しこ》を成す」あるいは「三人成虎」という言葉で、劉向がまとめた『戦国策』の秦策にも収録される、日本でもおなじみの物語です。現在では、根も葉もない噂でも、多くの人が語り出すことで真実と取り扱われるという意味で用いられていますが、『韓非子』での本来的な意味は、君主が臣下の実情を知ることの難しさを譬《たと》えるものです。君主の「術」の中心である「刑名参同《けいめいさんどう》」では、臣下の言葉と行動が合致しているか否かを君主は判断しますが、臣下が遠く離れた場合、しかも多くの者から等しくその臣下への批判が述べられた場合、君主は判断を誤ることになります。それを龐恭は、「市場に虎が出た」

という有り得ない話であっても、真実になることを王に知って欲しかったのです。しかし、龐恭の努力も虚しく、王は龐恭と面会をしなかった、というのです。形名参同の難しさを伝える物語と言ってよいでしょう。

（2）必罰

『韓非子』は、必罰について、次のように定義しています。

慈愛の多い場合には、法令が行われない。威厳が少ない場合には、下が上を侵す。そのため、刑罰が必ず行なわれなければ、禁令を出しても行われない。

（『韓非子』内儲説篇上）

そして、『韓非子』は、次のような物語で必罰を説明します。

子産《しさん》は鄭《てい》の宰相である。病んで死のうとするとき游吉《ゆうきつ》に、「わたしが死んだあと、きみが鄭を取り仕切るであろう。必ず厳しさにより人々に臨むように。そもそも火はその姿が厳しいので、人はめったに焼け死なない。水は、その姿が弱々しいので、人はよく溺れ死ぬ。きみは必ずその姿を厳しくして、人々がきみの弱さに溺れ死なないようにせよ」と言った。子産は死んだが、游吉は態度を厳しくしなかった。鄭の若者は連れ立って盗賊となり、葦の茂った沢に隠れ住み、鄭の禍いとなろうとしていた。游吉は、車騎を率いてこれと戦い、一日一夜でようやく勝つことができた。游吉は、ほっと歎息して、「わたしが早くから子産の教えを行なっていれば、これほどの悔いは残さなかったであろうに」と言った。

（『韓非子』内儲説篇上）

現在でも、火災の死亡者よりも水難事故死亡者が多いように、人は厳しいものには警戒をします。このため子産《しさん》は、游吉《ゆうきつ》に態度を厳しく、すなわち罰を与える場合には必ず罰するように遺言したのです。ところが、游吉はそれに従わず、威厳を増さなかったため、刑罰がうまく機能せず、戦いにまで発展しました。有為の若者を殺さざるを得なかった游吉は、これをたいへん後悔した、という物語です。「必罰」に「威厳」が必要なことをよく伝える物語であると思います。

秦《しん》で国家の中心に置かれた法家思想は、漢《かん》代には儒教《じゅきょう》に取り込まれてその一部となり、儒教が優勢になります。それと同じように、この物語は、儒教経典《けいてん》に取り込まれます。『春秋左氏伝《しゅんじゅうさしでん》』では、子産の遺言は、次のように書き換えられています。

わたしが死ねば、きみが必ず政治を執るであろう。ただ有徳者だけが、寛《かん》によって民を服従させられる。その次は、猛《もう》ほどよいものはない。そもそも火は烈しい。民は遠くから望み見て火を恐れる。このため火に死ぬものは少ない。水は懦弱である。民は馴れ馴れしくこれを弄《もてあそ》ぶ。そのため水に死ぬものは多いのである。このように（きみには）「寛」は難しい。

（『春秋左氏伝』昭公 伝二十年）

このように「寛」の難しさを聞きながらも、子産の後継者は結局、「猛」政を行うことができず、子産の遺言に背いた鄭は乱れることになります。物語の結末は同じなのですが、物語で説明される主張は、明確に異なります。『春秋左氏伝』は、この物語の後に、次のような孔子《こうし》の言葉を加えています。

（子産の言葉は）素晴らしい。政治が寛であれば民は慢《あなど》る。慢れば民を糾《ただ》すために猛を用いる。猛であれば民は損《そこ》なわれる。損なわれれば民に施すに寛を用いる。寛により猛を済《すく》い、猛により寛を済えば、政治はこれによって和す。

（『春秋左氏伝』昭公 伝二十年）

孔子が高く評価することで、『韓非子』の物語を換骨奪胎した『春秋左氏伝』に記される子産の言葉によって生まれた「寛猛相済《かんもうそうさい》」は、後世に大きな影響を与えます。たとえば、後漢「儒教国家」では、『春秋左氏伝』のこの部分を典拠とする詔《みことのり》が出され、ゆるやかな統治である「寛《かん》」治《ち》が推進されていきます。そして、後漢末に「寛」治が緩むと、曹操《そうそう》や諸葛亮《しょかつりょう》（諸葛孔明《こうめい》）は「猛《もう》」政《せい》を行うことで、政治の建て直しを図っていきます。このように『韓非子』の物語は、韓非の思想を具体的に語るだけではなく、他の思想にまで影響を与えているです。

もちろん、『春秋左氏伝』の物語の方が先に存在した可能性は、ゼロではありません。ただ、この事例のほかにも、儒家は、法家の物語を自らの薬籠中のものにしていこうとしています。威厳の重要性を説く『韓非子』の子産と游吉の物語は、社会情勢に応じて「寛」と「猛」を切り換えながら用いるべきとする儒教の主張を説明する物語へと換骨奪《かんこつだっ》胎《たい》されていくのです。

（3）賞誉

『韓非子』は、賞誉について、次のように定義しています。

賞誉が薄くて粗末であると、下の者は命令に従わない。賞誉が厚くて確かであると、下の者は命をも惜しまない。

（『韓非子』内儲説篇上）

そして、『韓非子』は、次のような物語で賞誉を説明します。

呉起《ごき》（呉子）は、魏《ぎ》の武侯《ぶこう》の西河《せいが》の太守《たいしゅ》となった。秦《しん》の側に小さい砦があって、国境に接している。呉起は、これを攻め落としたいと考えた。それを除かないと、農民に害があるが、除こうすると、砦は小さいので軍勢を起こすほどでもない。そこで車の轅《ながえ》を一つ、城の北門の外に立てかけ、令を出して、「これを南門の外に移す者があれば、上等の田地と上等の家を賜わる」といった。人々は怪しんで、誰も移さなかった。やがてこれを移す者があると、即座に令のとおりの褒美を賜わった。しばらくして、また一石《せき》の赤豆を東門の外に置き、令を出して、「これを西門の外に移す者があれば、先のように褒美を賜わる」といった。人々は争ってこれを移した。そこで令を出して、「明日、砦を攻める。一番乗りをする者があれば、国大夫《こくたいふ》に取り立て、上等の田地、上等の家を賜わる」といった。人々は先を争って馳せ参じた。そこで砦を攻めたところ、朝のうちに攻め落とすことができた。

（『韓非子』内儲説篇上）

魏の文侯《ぶんこう》とその子の武侯に仕えた呉起《ごき》（呉子、『呉子』の著者とされる）は、兵法家であると共に、後に楚の悼王《とうおう》に仕えて国政改革を断行した「法術の士」でもありました。呉起は楚において、法の遵守を徹底し、不要な官職を廃止して、余剰により兵を養い、富国強兵・王権強化に努めます。秦における商鞅の変法と似たような改革です。しかし、商鞅の死後も秦が改革を継承したことに対して、悼王の死後に呉起が反対派に殺されると、楚は呉起の改革を継承せず、最終的に秦に滅ぼされました。

呉起にしても、商鞅にしても、法に基づく政治を遂行するためには、いかに馬鹿げた法令であっても、それを必ず守ることを民草に示すことが必要でした。このため、車の轅《ながえ》や赤豆を移すという馬鹿げた命令でも、法令で定められたことであれば、莫大な褒美が約束される、すなわち信賞を明らかにしたのです。この場合の褒美は、宣伝費と考えることもできます。そののちに、砦を攻めるという本来の目的を示し、下々を動かして、勝利を修めたのです。なお、商鞅にも、これとほぼ同内容な物語が伝わっています。

これは、君主が臣下を用いる「術」ではなく、臣下が民草を用いる「法」です。初めに述べましたように、「七術」の具体例とされる物語は、すべてが適切なものとは限らず、「七術」という分類そのものも、それほど適切なものではありません。韓非という学祖が亡くなったのち、その後学たちは、師の教えを展開していくなかで、師ほどの論理性を持たなかったと考えてよいでしょう。

（4）一聴

『韓非子』は、一聴について、次のように定義しています。

（臣下の言葉を）一々聴かないと、（臣下の）賢愚を見分けられない。臣下の（実績を）責め質《ただ》さなければ、臣下は言葉と行動が一致しない。

（『韓非子』内儲説篇上）

そして、『韓非子』は、次のような物語で一聴を説明します。

（魏《ぎ》・斉《せい》・韓《かん》の）三国の兵が（函谷関《かんこくかん》まで）攻め寄せて来た。秦《しん》王（の昭王《しょうおう》）は（宰相の）楼緩《ろうかん》に、「三国の兵が深く攻め込んできた。わたしは河東《かとう》の地を割いて和睦しようと思うが、どうであろうか」と言った。楼緩は、「そもそも河東を割譲するのは、大きな損失ですが、国難から救い出せれば、大きな効果となります。このことは伯父や兄弟など（公族が）判断すべきことです。公子の汜《し》を召して相談すべきでしょう」と答えた。王は、公子の汜を召して、これを告げた。公子は答えて、「和睦しても後悔するでしょうし、和睦せずとも後悔するでしょう。王がいま河東を割いて和睦すれば、三国は引き揚げるでしょう。王は、「三国はもともと引き揚げるはずであったのに、むざむざ三つの城をやった」と言うでしょう。和睦をせずに三国が秦に入れば、わが国は大いに侵されるでしょう。そのとき王は大いに後悔して、「三つの城をやらなかったばかりに」と言うでしょう。そこでわたしは、王が和睦してもしなくても、後悔するでしょう、と申しあげます」と言った。王は、「もし後悔するのであれば、三つの城をなくして後悔する方が、国が危なくなってから後悔するよりはましである。わたしは和睦することに決めた」と言った。

（『韓非子』内儲説篇上）

（4）の「一聴《いっちょう》」は、君主の「術」を代表する「形名参同《けいめいさんどう》」を説明しており、（1）の「参観」と重複します。この話は、『戦国策《せんごくさく》』秦策四に、ほぼ同じ内容があり、三国が魏・斉・韓であること、および秦の昭王十一（前二九六）年の出来事と考えられることが分かります。また、『史記《しき》』の田敬仲完世家《でんけいちゅうかんせいか》によれば韓に河外《かがい》、秦本紀《しんほんぎ》によれば魏に封陵《ほうりょう》を与えたことが分かります。ただ、斉に与えた場所は不明です。

このように、『韓非子』が説明のために用いる話の中には、他書により歴史的背景を考えられるものもあり、すべてが虚構を含む物語なのではありません。ただし、物語ではなく、史実に近いがゆえに、「一聴」の具体例としては、宰相の楼緩や公子の汜の賢愚が、言葉だけからは今一つはっきりしません。説明のために特化した話でないと、説得力に乏しいと言わざるを得ないのです。このため、『韓非子』に用いる話の多くが、虚構を含む物語となっているのです。

（5）詭使

『韓非子』は、詭使について、次のように定義しています。

しばしば引見して、長らく待たせておいて任命しなければ、悪人は鹿のように逃げ走る。人を使うのに、思いもよらないことを尋ねると、（人は第三者に）私恩を売ることをしなくなる。

（『韓非子』内儲説篇上）

そして、『韓非子』は、次のような物語で詭使を説明します。

宋《そう》の宰相が、近侍の少庶子《しょうしょし》を市場に行かせた。戻って来るなり、「何か市場で見かけなかったか」と尋ねた。（少庶子は）「見ませんでした」と答えた。宰相は、「そうは言っても何か見たであろう」と尋ねた。（少庶子は）「市場の南門の外に、たいへん牛馬が多く、やっと通れるだけでした」と答えた。宰相はそこで、「わたしがおまえに尋ねたことを人に言ってはならぬ」と言っておいて、市場の役人を召し出して、「市場の門の外に、なぜ牛の糞が多いのか」と叱りつけた。市場の役人は、宰相がこのように早く聞きつけたことが不思議でならず、恐れて自分の職務に励んだ。

（『韓非子』内儲説篇上）

詭使《きし》として説明する文章の後半を具体化する物語です。宰相が近くに侍る少庶子（日本の小姓《こしょう》のような官職）に思いも掛けぬ質問をしていることが、まず「詭使」の一つ目です。理由も言われず、市場に出かけさせられた少庶子は、何を聞かれるか分からなければ、すべてのものに気を配る必要に迫られます。いきなり呼び出して、市場の役人を叱りつけることも「詭使」です。門外の牛の糞の多さまで知っている宰相のもとでは、市場の取引で行われる不正を見逃せば、どのような罰を下されるか分かりません。

「術」は、本来、君主が臣下を操縦するためのものですが、ここでは、君主に近い権力を持つ宰相が、「術」を行う物語が収録されています。

(6)と(7)は、合わせて掲げましょう。

（6）挟知

『韓非子』は、挟知について、次のように定義しています。

知っていることを知らないふりをして尋ねることで、知らないことまで分かってくる。一つのことについて深く知ることで、隠されている多くのことが明らかになってくる。

（『韓非子』内儲説篇上）

そして、『韓非子』は、次のような物語で挟知を説明します。

韓《かん》の昭侯《しょうこう》が爪を切ったあと、一つの爪を掌《てのひら》のなかに隠して、偽って一つを見失ったふりをして、ひどくせきたててそれを捜させた。側近のある者が、そこで自分の爪を切り、（ございましたと言って）それを差し出した。昭侯はそれで側近が正直か否かを見抜いた。

（『韓非子』内儲説篇上）

（7）倒言

『韓非子』は、倒言について、次のように定義しています。

言葉を逆にして、反対の事を行い、疑わしい相手を試すと、悪人の秘密を知ることができる。

そして、『韓非子』は、次のような物語で倒言を説明します。

子之《しし》は燕《えん》の宰相であった。座にある時に偽って、「いま門から走り出たのは、どこの家の白馬なのか」と尋ねた。左右の者は皆みな、「何も見えませんでした」と言った。一人の者が走って追いかけて行き、戻って来て、「白馬がいました」と報告した。子之はこれにより、左右の者が正直かどうかを確かめた。

（『韓非子』内儲説篇上）

（6）挟知《きょうち》と（7）倒言《とうげん》についての物語は、いずれも臣下が正直か否かを試すものとなっています。実は（5）の詭使《きし》にも同じように君主が偽る物語が含まれており、（5）～（7）は「七術」という数字に合わせるために、項目分けをした感がなくはありません。

これらのウソをつく物語の方法を用いれば、たしかに、臣下が正直か否かを見分けることは可能でしょう。しかし、そうした行いをする君主に自発的に仕えたいか否かは、別問題になると思います。人を恐怖で従わせる法家の思想に対して、漢代《かん》になると、君主が人として優れていることで臣下を自発的に服従させることを理想とする儒家の思想が、次第に優勢になっていく理由は、このあたりにもあるのではないでしょうか。

ただ、『韓非子』のために言い訳をしておくのであれば、韓非が活躍した戦国時代は、下克上の時代でした。いつ臣下に君主の地位を奪われるか分かりません。事実、（7）の物語の子之《しし》は、賢人を尊重する燕《えん》王の噲《かい》から、君主の地位を禅譲《ぜんじょう》されて燕王となっています。その直後、禅譲による政治的混乱を斉《せい》に衝かれ、燕は滅亡の淵に追いやられています。

このため、『韓非子』は、君主が用いる「七術」に加えて、君主が臣下の側について洞察する「六微《りくび》」を示し、君主が臣下に権力を奪われないための「術」を説いています。

六　微

六微の微とは、臣下の側に隠された機微という意味です。君主は、それを洞察して臣下を操縦しなければなりません。『韓非子』において、君主と臣下の利害は相反すると考えられており、内儲説《ないちょせつ》篇下では、最初に「七術」と同じように四字熟語で六微が次のように定義されています。

（君主が観察する臣下の心の機微である）六微《りくび》とは、一、権借在下《けんしゃくざいか》（君主の権力が臣下に貸し与えられている）、二、利異外借《りいがいしゃく》（君臣の利が違害が異なっていて、臣下が外国の力を借りる）。三、託於似類《たくおじるい》（臣下が似ていることに紛らわせて欺く）。四、利害有反《りがいようはん》（君臣相互の利害が相反する）。五、参疑争内《さんぎそうだい》（紛らわしいものが朝廷内で争う）、六、敵国《てきこく》廃置《はいち》（敵国が人事に干渉して立てたり廃したりする）である。

（『韓非子』内儲説篇下）

それでは、「七術」と同様、「六微」についての説明を掲げた後に、具体的な事例となる物語を一つずつ掲げていきましょう。

（1）権借《けんしゃく》

『韓非子』は、権借について、次のように説明しています。

（君主の）権勢《けんせい》は、人に借してはいけない。君主が一つを失えば、臣下はそれを百倍にする。そうして、臣下が権勢を借りうければ力が強くなる。力が強ければ、（朝廷の）内外の官は言いなりになる。内外の官が臣下の言いなりになれば、君主は耳目を塞がれて下情が知れない。

（『韓非子』内儲説篇下）

そして、『韓非子』は、権借の具体的な事例として、次のような物語を示します。

　権勢は君主の淵《ふち》（のようなもの）である。臣下は権勢の（淵の中の）魚である。魚が淵を離れれば、二度と捕まえることはできない。（それと同じように）君主がその権勢を臣下に奪われれば、再び手に入れることはできない。昔の人（である老子《ろうし》）は直言することを憚《はば》るので、このことを魚に託し（「魚は淵より脱す可《べ》からず」と述べ）たのである。

　賞罰は利器《りき》（鋭い武器のようなもの）である。君主はこれを握って臣下を制圧し、臣下はこれを手に入れて君主を閉じ込める。そのため君主が、賞を与えようと思う相手を先に示せば、臣下はそれを当の相手に売り混んで自分の恩のようにする。君主が、罰しようと思う相手を先に示せば、臣下はそれを売り込んで、自分の威力のようにする。このため老子も、「国の利器は、以《もっ》て人に示す可からず」と言うのである。

（『韓非子』内儲説篇下）

君主が権勢を臣下に与えてはならないことを『韓非子』は、『老子《ろうし》』の言葉をたとえ話で説明することで伝えています。引用される『老子』は、第三十六章の「魚は淵より脱す可からず、国の利器は以て人に示す可からず（魚が水淵から抜け出してはならないように、国に利得をもたらす器は人々に示してはならない）」という文章です。（　）で示した訳は、三国時代の王弼《おうひつ》の解釈に基づいていますので、『韓非子』の『老子』解釈とは多少異なります。『韓非子』は、魚が淵を離れることを臣下が君主の権勢から離れることと解釈しています。

『韓非子』は、揚権《ようけん》篇で君主権力が「道」と同じであると説いていますが、そこには「道」を万物の根源で最高の存在と考える『老子』の思想の影響が強く見られます。そのため、『韓非子』は、『老子』に対する現在最古となる解説である解老《かいろう》篇・喩老《ゆろう》篇という二つの篇を持ち、喩老篇で物語による『老子』の解釈をしています。ここにも、そうした『老子』の解釈を見ることができるのです。

（2）利異《りい》

『韓非子』は、利異について、次のように説明しています。

君主と臣下とでは、その利は異なっている。（君主の利は有功者を賞することで、臣下の利は無功で賞せられることにある）。このため多くの臣下に、本当の忠義な者はいない。そこで臣下の利が立てば、君主の利はなくなる。そのため姦臣は、敵国の兵を招いて、国内で自分に害のある者を除き、外国との関係をつくって君主の眼をくらます。

一時的に私利になれば、国の憂いなど顧みないのである。

（『韓非子』内儲説篇下）

そして、『韓非子』は、利異の具体的な事例として、次のような物語を示します。

公叔《こうしゅく》は、韓《かん》の宰相である。しかも斉《せい》にも功績があった。（一方）公仲《こうちゅう》は、韓王にたいへん重んじられていた。公叔は、韓王が公仲を宰相にすることを恐れて、斉と韓が盟約をして魏《ぎ》を攻めるようにさせた。公叔は、それを機会に斉の軍を鄭《てい》（韓）に引き入れ、それにより韓王を脅して、自分の地位を固めて、韓と斉との盟約を一層堅固なものにした。

（『韓非子』内儲説篇下）

戦国の七雄は、互いに争いあいながらも、君主だけではなく宰相クラスの臣下までもが、複雑な婚姻関係を結びあっていました。氏族制の時代ですので、生まれが重要だからです。それだけでなく、外交や軍事の場において、相手の国に有利な動きをすることによって、他国に功績をあげ、優遇される関係を持つ者もありました。『韓非子』は、そうした臣下のあり方を否定し、外交関係を君主に一元化することで、君主権力の強大化を目指したのです。

（3）似類《じるい》

『韓非子』は、以類について、次のように説明しています。

似ていて紛らわしいことは、君主が処罰の原則を踏み外す原因となり、大臣がその私利を遂げる原因になる。

（『韓非子』内儲説篇下）

そして、『韓非子』は、以類の具体的な事例として、次のような物語を示します。

斉《せい》の中大夫《ちゅうたいふ》（宮中の大夫）に夷射《いしゃ》というものがいた。王の酒盛りに侍り、ひどく酔ったので外へ出て回廊の門にもたれていた。門番は（足切りの刑を受けて）いざりであったが、ねだって、「あなたさま、少しでけっこうですのでお酒をいただけないでしょうか」と言った。夷射は、「しっ、下がれ。刑余者の分際で、長者に酒をねだるとは、厚かましいやつだ」と言った。いざりは退散した。夷射が立ち去ったあと、いざりは水を廊門の軒下にまいて、小便をしたように見せかけた。翌日、王がお出ましになり、怒って、「ここに小便をした者は誰だ」と言った。いざりは、「わたくしは見ておりません。ただ昨日、中大夫の夷射さまがここに立っておられました」と答えた。王はそこで夷射を誅殺した。

（『韓非子』内儲説篇下）

門は、それを所有する主人の額のようなもので、そこを汚されることは面子《めんつ》に関わる。そのために、斉王は、いざりの計略に嵌《はま》って処罰を誤ったのである。

（4）有反《ゆうはん》

『韓非子』は、有反について、次のように説明しています。

事が起こり、利益になる場合には、それで利益を受ける者が、その事を起こしたのである。事が起こり、損害がある場合は、必ず反対にそれにより利益を受ける者がいないかどうか見極めなければならない。そこで明君が事を論じる方法としては、国の損害については、それで利益を得る者を調べ、臣下の損害については、それで利益を得る他の臣下を調べるのである。

（『韓非子』内儲説篇下）

そして、『韓非子』は、有反の具体的な事例として、次のような物語を示します。

晋《しん》の文公《ぶんこう》の時、料理番が炙《あぶ》り肉を差し上げると、髪の毛がからまっていた。文公は料理番を召し出して、叱って、「おまえはわたしの咽喉《のど》をつまらせようというのか。どうして髪の毛を炙り肉にからませるのだ」と言った。料理番は頭を地にうちつけ拝礼をして詫《わ》び、「(わたくしには)死刑に当たる罪が三つございます。砥石《といし》を手にして庖《ほう》丁《ちょう》を研《と》ぎ、干将《かんしょう》(昔の名剣)のように鋭くしたつもりでした。それで肉を切りましたが、肉は切れたのに髪の毛が切れませんでした。これがわたくしの第一の罪です。串を肉片に通しましたのに、髪の毛が見えませんでした。これがわたくしの第二の罪です。燃え盛る炉に肉をかけ、炭火はすっかり真っ赤になって、肉はよく焼けましたが、髪の毛だけ焼けませんでした。これがわたくしの第三の罪です。堂下に控える者の中で、ひそかにわたくしを憎む者があるのではございませんか」と申し上げた。公は「わかった」と言って、下役の者を召し出して責めたところ、果たしてそうだった。そこでその者を死罪にした。

(『韓非子』内儲説篇下)

料理番を陥れた者は、それによって憎みをはらすという利益を受けようとしていました。

「春秋の五覇」の一人である晉の文公は、それを見事に見抜いたという物語です。

(5) 参疑《さんぎ》

『韓非子』は、参疑について、次のように説明しています。

下の者が上の者に似ていて紛らわしいことは、内乱の起こるもとである。そのため明主はこれに慎重に対処する。

(『韓非子』内儲説篇下)

そして、『韓非子』は、参疑の具体的な事例として、次のような物語を示します。

晉の献公《けんこう》の時、(妾《めかけ》の)驪姫《りき》が、正妻とならぶほどの力を持っていた。(驪姫は)わが子の奚斉《けいせい》を太子の申生《しんせい》に代えたいと思った。そこで、申生を君に讒言《ざんげん》してこれを殺し、そうして奚斉を立てて太子とした。

(『韓非子』内儲説篇下)

このとき申生の弟である重耳《ちょうじ》は亡命し、六十二歳のときに晉に戻って即位します。それが前話で料理番を罰しなかった文公です。「参疑」の似ているものとは、正妻と妾、太子と庶子などであり、晋のように宮廷内の争いの種となっていました。そのため『韓非子』は、これに慎重に対処する必要があると説いているのです。

（6）廃置《はいち》

『韓非子』は、廃置について、次のように説明しています。

敵国が力を入れることは、わが君主の明察を乱して、奢侈の風を作り上げることである。君主がそれを見抜かなければ、敵国は、わが宰相や将軍を辞めさせたり立てたりする。

（『韓非子』内儲説篇下）

そして、『韓非子』は、廃置の具体的な事例として、次のような物語を示します。

孔子《こうし》が魯《ろ》で政治を行った。そのため道に落ちている物があっても拾わないほど、よく治まった。斉《せい》の景公《けいこう》は（隣国の魯が治まっているのを）心配した。黎且《れいしょ》は景公に、「孔子を（魯から）去らせることなど、毛を吹くように簡単です。わが君は、孔子を重い禄と高い位で迎える一方で、（魯の）哀公《あいこう》に女の楽人を贈って、その心をとろかせばよいのです。哀公は女の楽人を楽しみ、必ずや政治を怠りましょう。孔子は、きっと諫めます。諫めれば、あっさり魯と縁が切れるでしょう」と言った。景公は、「わかった」と言い、黎且に命じて十六人の女の楽人を魯の哀公に贈らせた。哀公はこれを楽しみ、果たして政治を怠った。孔子は諫めたが、聴き入れられなかった。（孔子は魯を）立ち去って、楚に行った。

（『韓非子』内儲説篇下）

これは、『論語』微子篇に、「斉人　女楽を帰《おく》る。季桓子　之を受けしめ、三日　朝せず。孔子　行《さ》る（斉《せい》の人が女の楽人を贈った。季桓子《きかんし》はこれを受け取らせ、三日も朝礼を取りやめた。孔子は（魯を）去った）」とある話を踏まえたものです。儒家の祖である孔子など、『韓非子』の謀略があれば、簡単に国政の場から追い払うことができるのです。『韓非子』の現実的な有用性をここに見ることもできるでしょう。

なお、『韓非子』では女の楽人を送った相手を自説に合わせて魯の哀公としていますが、『論語』では季桓子になっています。魯では、臣下であるはずの季桓子たちが、下克上により哀公を差し置いて政治の実権を握っているのです。

このように『韓非子』は、「術」を用いることで君主が臣下を思うがままに操るべきことを説きました。下克上の時代において、君主が臣下を思うがままに操る「術」は、君主権力の強化のために必要でした。それでは、韓非が君主権強化のために、「術」に加えて必要であると主張した「法」と「勢」のうち、「法」を検討していくことにしましょう。

第七章　賞罰の基準である「法」

基準としての法

韓非は自著に近いとされる顕学《けんがく》篇の中で、法について次のように述べています。

そもそも聖人が国を治めるには、人々が自分の感化で善であってくれることを頼みとはしない。人々が悪事を行えないような手段を用いる。人々が自分の感化で善となることを頼みとすれば、（そのような者は）国中で十人もいない。人々が悪事を行えないような手段を用いれば、国中の民を整然と同じようにさせることができる。政治をする者は、多数のためになる手段を用いて、少数のためにしかならない道を棄て置く。そのため徳に務めないで、法に務めるのである。

（『韓非子』顕学篇）

韓非は、儒教が掲げる「徳治《とくち》」を全く意味がないとするわけではありません。君主が善であれば、それに感化する民のあることを否定しないのですが、せいぜい国中で十人ぐらいであろうと韓非は言います。ここには、性悪《せいあく》説を主張する荀子《じゅんし》に教えを受けた韓非の人間観が現れています。そして、韓非が法を尊重するのは、国中の民を法により整然とさせるためなのです。なぜ、法によれば、国中の民が整然とするのかについて、韓非は次のように説明しています。

そもそもひとりでに真っすぐになる矢竹を頼みとしていれば、百代たっても矢はできない。ひとりでに円くなる木を頼みとしていれば、千代《せんだい》たっても車輪はできない。ひとりでに真っすぐになる矢竹、ひとりでに円くなる木は、百代に一本もない。それなのに世間では皆、車に乗り、鳥獣を射ているのはなぜか。矯《た》め木という手段が用いられているからである。矯め木にかけないで、ひとりでに真っすぐになる竹、ひとりでに円くなる木がたまたまあったとしても、腕利きの工人は、それを貴ばない。それは、車に乗る人が一人だけでなく、矢を射るのが一発だけではないからである。賞罰を頼みとせず、自分で善くなろうと心に期するような民を明君は貴ばない。それは、国法は棄て置かれるべきでなく、治める相手は一人だけでないからである。このため法術を弁《わきま》えた君主は、偶然の善を追うことなく、必然の道を行うのである。

（『韓非子』顕学篇）

韓非は、法を「矯《た》め木」に譬《たと》えています。まっすぐではない矢竹や丸くない木が、矢や車輪になるのは、矢竹や木が徳に感化されて形を自分から変えるわけではないからである、と言うのです。しかし、人間はどうでしょう。人間も、法という「矯め木」を当てなければ、まっすぐな人間にならないのでしょうか。その答えは、前の部分で韓非はすでに答えています。まっすぐになる人もいるでしょう。国中で十人ぐらいは、と。もちろん、もっと多いかもしれませんが、問題はそこにはありません。

韓非が問題とすることは、国中の人々がすべて変わっていくためには、基準を明確に示す必要がある、ということなのです。すなわち、賞罰の基準として「法」を民に公開することにより、国中の人を変えていこうと韓非はしているのです。こうした「法」の公開とそれに基づく賞罰により、後進国の秦《しん》を一躍強大化させたのが、商鞅《しょうおう》でした。『韓非子』は、商鞅の改革を次のように把握しています。

商鞅の変法

前四世紀、秦《しん》の孝公《こうこう》に仕えた衛の公族《こうぞく》出身の公孫鞅《こうそんえい》（商鞅と呼ばれるのは、商《しょう》・於《お》の地を封地とするため）は、核家族化を推進する分異《ぶんい》の令により、民の氏族制を解体します。分異の令は、二人以上の男子がいれば分家をさせ、しなければ重税を課すもので、親戚が同居することで強く残っていた氏族制を分解し、五人を標準とする単婚家族を創出しました。析出《せきしゅつ》された人々は、什伍《じゅうご》の制により、五家を単位として連坐制をもうけ、相互に監視させます。伍は、徴税の単位であり、徴兵の単位でもありました。これらにより、血縁で結びついた氏族ではなく、赤の他人同士が伍により組織され、官吏の支配を一人ひとりが受けることになったのです。

また、秦の公族の氏族制は、身分ではなく、戦功により爵位を与える軍功爵《ぐんこうしゃく》により解体を試みました。軍功爵は、軍功に応じて爵位を付与する制度ですが、重要なことは、それを民だけではなく、公族にも適用した点にあります。これまでは、たとえば、王の弟であるという血縁によって、国家に対して特別な功績がなくとも、高位・高官に就くことができました。それが弟であっても、現在持っている地位に応じた軍功を挙げなければ、公族としての戸籍を剥奪《はくだつ》されることにしたのです。商鞅はこれにより、支配者層の氏族制的特権を剥奪《はくだつ》しようとしたのです。

秦が後進国であったことは、氏族制の解体に有利に働きました。それでも、孝公の死後、商鞅は車裂きの刑で殺されます。このため『韓非子』は、商鞅の失敗の理由を次のように分析しています。

公孫鞅は秦を治めると、密告連坐の制度を設けて、事実を知らせることを求め、什伍の制を作って、隠匿した場合は同罪にした。恩賞は厚くて漏れることなく、刑罰は重くて免れられることはない。このため秦の民は、仕事がいくら辛くても休もうとせず、戦争で命が危うくても退こうとしなかった。こうして秦の国は富み、秦の兵は強くなった。

しかしながら、君主の術を使って臣下の悪計を知ることがなかったので、いかに富強であっても、臣下を肥やすものになった。孝公と公孫鞅が死に、恵王《けいおう》が即位すると、秦の法はまだ廃《すた》れていないのに、張儀《ちょうぎ》は秦を韓・魏の下につかせた。恵王が死に、武王《ぶおう》が即位すると、甘茂《かんも》は秦を周に従わせた。武王が死に、昭襄王《しょうじょうおう》が即位すると、穣侯《じょうこう》（の魏冉《ぎぜい》）は韓・魏を越えて、東のかた斉を攻め、五年戦ったが、秦は一尺四方の土地も殖《ふ》えなかったのに、穣侯のため陶邑《とうゆう》に城を建て増した。応侯《おうこう》（の范雎《はんしょ》）は韓を八年も攻め、応侯のため汝南《じょなん》に城を建て増した。これ以後、秦を取り仕切った幾人かの重臣は、みな応侯・穣侯のたぐいであった。このため戦いに勝てば大臣は身分が尊くなり、国土が拡がれば大臣の自領が大きくなった。

君主に、臣の悪計を知る術がなければ、公孫鞅がいくらその法を正しても、大臣は逆にその元手を自分のために用いる。このため強い秦を足掛かりに数十年たちながらも、帝王にまでなれなかったのは、法は官吏に努め正されても、君主が上で術を欠いていたためである。

（『韓非子』定法篇）

『韓非子』は、商鞅の変法を高く評価します。それにも拘《かかわ》らず、強大になった秦が、他の六国を圧倒できなかったのは、君主に「術」がなかったために、重臣の土地ばかりが広くなり、君主権力が強化されなかったことによるというのです。

申不害の術

それでは、君主が申不害の術を用い、官吏が公孫鞅の法を行えばよかったのか、という問いかけを自ら行ったのちに、『韓非子』は次のように答えています。

申不害は、まだ術を尽くしてはいないし、公孫鞅もまだ法を尽くしてはいない。申不害の言葉に、「治は官を踰《こ》えず、知ると雖《いえど》も言わず」というものがある。治は官を踰えず（官職をこえた仕事はしない）とは、自分の職分を守るという意味であるが、知ると雖も言わず（職分以外は知っていても言わない）というのは、行き過ぎである。君主は国中の人々の目を借りて見るからこそ、それ以上明瞭に見える者はない。君主は国中の人々の耳で聞くからこそ、それ以上に明確に聞こえる者はない。いま知っていても言わないとなれば、君主は一体、誰の耳目を借りればよいのか。

商君の法に、「敵の首を一つ斬る者は爵《しゃく》一級を与え、官になりたい者は、五十石《せき》の官とする。敵の首を二つ斬る者は爵二級を与え、官になりたい者は、百石《せき》の官とする」という条目がある。これで見ると、官爵の昇進は、敵の首を斬った手柄と見合っている。ところで、いま「敵の首を斬った者は、医者と大工をさせる」という法があったとする。これでは家は建たないし、病気も癒《なお》るまい。そもそも大工は手先の器用さが必要であり、医者は薬を調合する仕事である。敵の首を斬った手柄で、医者や大工にならせるのは、適当な働き場所ではない。さて、官吏の仕事に必要なものは、智能である。一方、敵の首を斬るのは、勇力のお蔭である。勇力のお蔭で智能の必要な官吏の仕事をするというのは、首を斬った手柄で医者や大工になるのと同じである。

このようなことなので、申不害と公孫鞅は二人とも、法と術において、いまだ十全ではない、というのである。

（『韓非子』定法篇）

『韓非子』は、法と術を合わせ用いることを説きますが、それは申不害の術と商鞅の法をそのまま合わせ用いるものではありません。申不害の術も商鞅の法も、ともに十全ではないからです。申不害の術は、臣下を縛るあまりに、臣下が十分に君主の耳目の役割を果たせていません。商鞅の法は、軍功を根底に置くので、軍功を挙げた者を官に就けた場合、官に必要な智能を持っているとは限らないというのです。

知りやすく行いやすい

それでは、『韓非子』の用いる法とは、どのようなものなのでしょうか。『韓非子』は、第一に、法は公開され、誰にも知りやすく行いやすいことを求めています。

明主（が政治をすると、そ）の標識は見やすい。このため約束が守られる。明主の教えは知りやすい。このため言うことが聴き入れられる。明主の法は行いやすい。このために命令が実行される。この三つのことが成り立って、しかも君主に私心がなければ、下々は法に従って治まり、表を望み見て動き、縄に沿って切り、裂け目に沿って縫う（ように、法に従って行動する）ことができる。そのようであれば、上には私的な威光を笠に着て人を苦しめることなく、下には無智で無器用であるために罪に陥ることがない。このため君主は物が明らかに察せられて怒ることが少なく、下は忠を尽くして罪せられることが少なくなるのである。

（『韓非子』用人篇）

法は、君主の賞罰の基準であるため、それを下々にまで公開し、理解させせなければなりません。そのためには、一度読んだだけでは分からないような難しい法令の文章ではなく、分かりやすく、守りやすいものでなければなりません。
そうした法は、実は君主にも分かりやすいものになります。世襲制を取る以上、常に君主が明君や賢君であるとは限りません。凡庸な君主であっても、分かるような法でなければならないのです。

法術をさしおいて、君主一人の心で治めようとすれば、尭《ぎょう》であっても、一国をすら正すことはできない。規矩《きく》（曲尺とコンパス）を捨てて、いい加減に目分量をしたのでは、奚仲《けいちゅう》（禹《う》のときの車作りの名人）ですら、一つの車輪も作ることができない。尺と寸を測る物差しを捨て、長さを見比べただけでは、王爾《おうじ》（昔の名人の大工）といえども、材木を半分に切ることもできない。たとえ「中主」（凡庸な君主）でも法術を守るのであれば、また、下手な大工でも規矩・尺寸を守るのであれば、万に一つの失敗もないであろう。人に君たる者が、賢君や名工でも叶わぬ仕様をやめ、凡庸な君主や下手な大工でも万に一つも失敗のない方法を守るのであれば、人の力の限りを引き出し、功名を立てることができよう。

（『韓非子』用人篇）

君主や民草が守るべき法を規矩準縄や度量衡に譬《たと》えることは、儒家や墨家も行います。法は、人の智能が及び得ないことを決定する準則となるものであるから、君主は自分の智能に頼るよりも、法に頼ればよい、とするのです。それほどまでに法が万能であるのかは議論のあるところでしょうが、『韓非子』に代表される法家は、法をそのように位置づけることによって、凡庸な君主であっても、マニュアルに従って一定程度の統治が可能になると考えているのです。

みだりに変更しない

したがって、圧倒的に優秀な君主、カリスマが現れて、その時代の社会のあり方に応じた法を新しく定める、という状況が出現しない限り、法は現状を維持するべきで、みだりに変更するものではないことになります。

職人が、たびたび仕事を変えれば、効果は挙がらない。賦役《ふえき》に出た者が、しばしば場所を変えれば、作業ははかどらない。一人の賦役について、一日のうち半日を損したとすれば、十日で五人ぶんの作業量を損することになる。一万人の賦役で、一日のうち半日を損したとすれば、十日では五万人ぶんの作業量を損することになる。こうしてみると、たびたび仕事を変える者の数が増えれば増えるだけ、損失は大きくなるのである。
およそ法令が変われば、利害も変わる。利害が変われば、民草の義務も変わる。義務が変わるのは、職人の仕事を変えることと同じである。このため理のうえから見ると、多くの人々を対象としながら、たびたびこれを動揺させれば、成功することはない。大きな器を秘蔵しながら、これをたびたび移動させれば、傷をつけやすい。小魚を煮ながら、たびたび箸で突つけば、色や光沢を台無しにする。大きな国を治めながら、たびたび法令を変えれば、民草は苦労する。そこで道を心得た君主は、静ということを尊重して、法令を変えることを遠慮する。そこで老子は、「大国を治むるものは、小魚を烹《に》るようにせよ」といっているのである。

（『韓非子』解老篇）

引用されている『老子』は第六十章で、老子の無為の政治思想を代表する表現の一つです。『韓非子』は、解老篇と喩老篇という『老子』を解説する二篇を持ちますが、物語で『老子』を説明する喩老篇に対して、解老篇は、自らの主張したい思想があり、それに合わせて最後に『老子』をその主張の正しさを証明するために引用する、という形を取ります。韓非の死後、統一の秦から前漢にかけて、老子と黄帝を尊重する黄老思想が国家に尊重される中で、編纂された篇と考えてよいでしょう。

威嚇効果

『韓非子』は、法について賞罰との関わりを明示しています。法は、賞罰の基準として公開するものですが、賞罰は重い方がよいのでしょうか。それとも軽い方がよいのでしょうか。

学者（儒者）の言によれば、みな「刑を軽くせよ」という。これは国を乱し、国を滅ぼす道である。およそ賞罰を厳密にするのは、善を勧めて悪を禁ずるためである。賞が厚ければ、人の欲するもの（民草は利、君主は治）は、速《すみ》やかに得られる。罰が重ければ、人の憎むもの（民草は害、君主は乱）は、たちまち禁ずることができる。

……

それに刑を重くするのは、人を罪《つみ》するためだけに、そうするのではない。明君の法は、天下の民の功罪を量るものである。賊を取り締まるのは、たまたま秤にかかった者を取り締まるだけではない（天下の民に賊を禁ずるためである）。秤にかかった者を罰するだけなら、死人を取り締まるのと同じである。盗賊を刑するのは、刑にかかった者を取り締まるのみではない（天下の民に盗を禁ずるためである）。刑にかかった者を取り締まるだけなら、刑徒を取り締まるのと同じである。だから、「一悪人の罪を重くすることで、国中の悪を止める。それが、取締りを行なう目的である」というのである。重く罰せられるのは盗賊であり、痛み恐れるのは良民である。国が治まることを望む者は、どうして刑を重くすることに疑念を抱く必要があろうか。また、賞を厚くするのも、単に功績ある者を賞するに止まらない。同時に国中の人を奨励するためである。賞を受けた人は、その利益を喜び、まだ賞を貰わぬ人は、その手柄を慕う。つまり一人の功績に酬《むく》いることで、国中の民を励ますことになる。国が治まることを望む者は、どうして賞を厚くすることに疑念を抱く必要があろうか。

（『韓非子』六反篇《りくはんへん》）

『韓非子』六反篇は、このように刑罰も賞与も重い方がよいとします。そのとき、一人を罰するのではなく、国中の者を威嚇すること、一人を賞するのではなく、国中の者を勧誘することの意義を説いていることは重要です。

もちろん、厚賞重罰とは、法の規定以上に、あるいは規定外に賞罰をすることではありません。信賞必罰を行う際の基準の法を厳しく設定することで、国中の者を威嚇できるような法を定めるべきとしているのです。

賞より刑に

それでは、賞罰は、どちらを重んじるべきなのでしょうか。

刑罰を重くし、恩賞を少なくすることは、君主が民草を愛することである。こうすれば民草は君主のために命を投げ出す。恩賞を多くし、刑罰を軽くすることは、君主が民を愛さないことである。こうすれば、民草は君主のために命を投げ出さない。

利益が一つの穴（君主の口）からのみ出れば、その国は天下無敵である。利益が二つの穴（君主の口と重臣の口）から出れば、その軍隊は半分だけしか使えない。利益が十の穴（君主の口と多くの臣下の口）から出れば、その民は外敵から国を守ろうとしない。

重刑主義を民草に徹底し、法制の大綱により人を使えば、君主の利益があがる。刑罰を行う場合、軽い罪を重く罰すれば、軽い罪を犯す者もなくなるから、重刑に陥ることもなくなる。これを「刑を以て刑を去る」という。罪が重いのに刑が軽ければ、犯罪事件が頻発する。これを「刑を以て刑を致《いた》す（まねく）」という。こうした国は必ず領土を削られる。

（『韓非子』飭令《ちょくれい》篇）

『韓非子』飭令《ちょくれい》篇は、刑罰を重くし、恩賞を少なくすることは、君主が民草を愛することであると述べています。刑が重いと、恐れて民が罪に陥らないためなのでしょう。これは、商鞅の主張とされます。商鞅の著とされる『商君書《しょうくんしょ》』にも飭令《ちょくれい》篇があり、同様の主張をしているためです。いずれにせよ、『韓非子』は、重刑を主とした法を定めることで、君主の支配が確立すると考えています。韓非の主張を知り尽くした同門の李斯《りし》が中心となって定めていった秦の律（刑法）は、実際、たいへんに厳しいものとなりました。

このように『韓非子』は、法は、公開するもので分かりやすく、行いやすくするものである、とします。それによって民草が法を知り、守るように努めるだけでなく、たとえ君主が凡庸であったとしても、法に則ることで安定した政治を行うことができるのです。また法は、賞罰の基準ですが、賞罰は重くすべきで、なかでも賞よりも刑に重点を置くことで、君主権力は伸長し、国家は強大化していくと考えています。

さらに韓非は、「術」で臣下を操り、「法」で民草を統治したうえで、君主が「勢」を用いることを重視していきます。

第八章　権力の淵源となる「勢」

勢と慎到

韓非は、五蠹《ごと》篇の中で、「民というものは、もとより勢《せい》に服するものである。義に懐《なつ》くものは少ない」と述べています。「勢」は、「法」と「術」を支えて推し進める、客観的・強制的な力です。「勢」という言葉単独で用いられるだけではなく、「権勢」「勢位」「威勢」「勢重」などと熟しても用いられます。

「勢」は、斉《せい》の「稷下《しょくか》の学」に集った、紀元前四世紀ごろの慎到《しんとう》が、その重要性を初めて説きました。『漢書《かんじょ》』藝文志《げいもんし》によれば、慎到には『慎子《しんし》』四十二篇があったとされますが、現存するものは五篇、しかも偽作が含まれています。そこで、ここでは『韓非子』が捉えた慎到の思想と、『韓非子』がそれをどう継承したのかを考えていくことにします。『韓非子』難勢篇《なんぜい》には、慎到の説が次のように伝えられています。

慎子が言う、「飛ぶ竜は雲に乗り、騰《あが》る蛇《へび》は霧に遊ぶ。しかし、雲がなくなり、霧が霽《は》れれば、竜も蛇も、蚯蚓《みみず》や蟻と同じになろう。それは、乗り物をなくしたからである。賢人でありながら愚者に腰を屈《かが》めなければならないのは、権勢が軽く、地位が低いからである。愚者でありながら賢人を顎《あご》で使えるのは、権勢が重く、地位が高いからである。聖人の尭《ぎょう》も、匹夫の身分では、わずか三人でも治めることはできない。暗愚な桀《けつ》も、天子の地位にあれば、天下を治めることができる。わたしはこうしたことから、勢位《せいい》こそ恃《たの》むに足り、賢智は慕うに足りないことを悟った。そもそも弱い弩《ど》で射ても矢が高く飛ぶのは、風に乗るからである。わが身は愚かでも命令が行なわれるのは、衆人に助けられるからである。尭が奴隷の頭《かしら》ぐらいの地位にあったのでは、民草は言うことを聞かない。南面して天下に王となるに至って、命令をすればすぐに行なわれ、禁止をすればぴたりと止むようになる。これで見れば、賢智は衆人を服従させることはできないが、勢位は賢人をも屈伏させることができるのである。

（『韓非子』難勢篇）

慎到《しんとう》は、竜や蛇の事例により、物には乗ずる所を使うことで、大きな効果を挙げることがありうることを提起しています。そして、権勢と地位という「勢位《せいい》」を重視し、政治の場においては、賢・不肖《ふしょう》の才能よりも、「勢位」の方が有効性を持つことを主張するのです。その論拠は、「勢位」が衆人を服従させる力を持つことに求められます。

難勢篇は、このように慎到の説を整理したのち、慎到の説をいったん否定します。賢才を捨て去って、もっぱら勢位だけに頼って国が統治できるのか疑問であるとするのです。具体的には、暴王である夏《か》の桀王《けつおう》や殷《いん》の紂王《ちゅうおう》は、天下に王として勢位を持っていましたが、賢人ではなかったために、結局は天下を混乱に陥れただけであったことを反証として掲げるのです。そして、「勢」によって、堯《ぎょう》のように天下をよく治めた場合と桀のように天下を乱した場合があるのは、何が異なっていたのであろうか、と疑問を投げかけます。勢は、国を治めるにも、国を乱すにも訳に立つものだと言うのです。

虎に翼をつける

あるひとが慎到の説に反論します。

飛ぶ竜は雲に乗り、騰る蛇は霧に遊ぶ。わたしも、竜や蛇が、雲や霧の勢に身を託さないとは言わない。しかしながら、賢智を捨てて専ら勢に任せただけで、天下を治めるに足りるかというと、わたしはそうした事例を見たことがない。

そもそも雲や霧の勢があって、それに乗り遊ぶことができるのは、竜と蛇の才能が優れているからである。いま雲は盛んでも、蚯蚓《みみず》はそれに乗ることはできない。霧は濃くても、蟻はそれに遊ぶことはできない。盛んな雲、濃い霧の勢がありながら、それに乗り遊ぶことができないのは、蚯蚓や蟻の才能が乏しいからである。いま桀《けつ》・紂《ちゅう》は南面して天下に王となり、天子の威光を自分の雲や霧としながらも、天下が大乱を免れなかったのは、桀・紂の才能が乏しかったからである。いったい慎子《しんし》が尭の用いた勢で天下をうまく治めたと言う場合、その勢というものは、桀がそれで天下を乱した勢と、少しの違いもない。勢というものは、賢者だけが用いることができ、愚者はこれを用いられない、というものではない。賢者がこれを用いれば天下は治まり、愚者がこれを用いれば天下は乱れる。人の生まれつきとして、賢者は数少なく、愚者は数多い。しかも威勢という利器により、世を乱す愚者を助けるとなれば、勢で天下を乱す人ばかりが多く、勢で天下を治める人は少ないことになる。

そもそも勢とは、国を治めるにも国を乱すにも便利なものである。そのため『周《しゅう》書《じょ》』にも、「虎のために翼をつけてはならない。まさに飛んで村に入り、人を選んでこれを食う」とある。愚者を勢に乗ぜさせるのは、虎のために翼をつけてやるようなものである。桀・紂は、高い台や深い池を作って民草の力を使い果たし、炮烙《ほうらく》の刑を行って民草の命を奪った。桀・紂が、このような欲しいままの行いを成し得たのは、王者の威光がその翼になったからである。もし、桀・紂が匹夫の身分であったならば、悪行の一つをしないうちに、その身は死刑になっていたであろう。勢こそ、虎狼の心を養って暴乱の事を成し得るものである。そうであれば（勢は）天下の大きな憂いである。勢の座を賢人が占めて天下が治まるか、愚者が占めて天下が乱れるかは、もともと決まってはいない。それなのに、慎子の説では、勢こそ天下を治めるに足るとばかり言っているのは知恵が浅い。

（『韓非子』難勢篇）

「虎に翼」は、日本では「鬼に金棒」と同じように、威力のある者がさらに威力を持つ、という意味で用いられます。勢が智者にも愚者に用いられるものであれば、愚者が勢を持つことは、桀《けつ》・紂《ちゅう》が国を滅ぼすような欲しいままの国政を行うことへと繋がります。

そうであるならば、儒家が説くように、君主が愚者であることは何としても避けなければならず、君主自身が徳を治めて、賢者になってもらうほかありません。むしろ、勢を用いる方法を説かない方が、賢者の少ない時代には、よいかもしれません。それでは、そもそも勢とは、具体的にはどのようなものなのでしょうか。

勢とは馬

『韓非子』難勢篇では、愼到《しんとう》への批判を続ける中で、勢を馬に譬えて、次のように説明しています。

そもそも良い馬と丈夫な車があっても、奴隷が御者になったのでは、人に笑われるのが落ちである。（名御者の）王良《おうりょう》が御者になれば一日千里を行く。馬車は同じでも、一方は千里を行き、一方は人に笑われる。これは、技の巧拙が遠く隔たっているからである。いま国を車とし、勢を馬とし、法令を手綱《たずな》や銜《くつわ》とし、刑罰を鞭《むち》とし、堯《ぎょう》や舜《しゅん》を御者とするならば、天下は治まる。桀や紂を御者とするならば、天下は乱れる。これは賢愚が遠く隔たっているからである。

そもそも早い獲物を追い、遠くへ行こうというのに、王良を御者にすることを知らず、利益を挙げ弊害を除こうというのに、賢人を任用することを知らないのは、目的に適《かな》った手段を知らない悲しさである。あの堯や舜は、民を治める王良なのである。

（『韓非子』難勢篇）

『韓非子』はここで、勢を馬に譬えています。そのときに、法令を手綱や銜とし、刑罰を鞭とする、としているのは、たいへん具体的で説得力があります。たしかに馬であれば、御者がきわめて重要となり、桀や紂ではなく、堯や舜を御者としたいものです。

それでは、『韓非子』は、この慎到への批判をどのように再批判するのでしょうか。

人の設けた勢

『韓非子』難勢《なんぜい》篇は、慎到への批判を承けて、「勢」の議論を次のように深めていきます。

慎子は勢こそ、それによって百官を治めるに足りるものであるという。（これに対して、慎子の議論を批判する）あなたは、ぜひ賢人が必要であり、賢人を待ってようやく（天下は）治まるという。それは誤りである。

そもそも、勢は、名こそ一つであるが、勢の中に無数の変り種がある（ただし、それらの変り種を大別すれば「自然の勢」と「人の設けた勢」の二つがある）。「自然の勢」だけを問題にするならば、勢について論ずる必要はない（「自然の勢」は、人間がどうすることもできない）。わたしが問題にする勢は、「人の設けた勢」のことである。今、あなたは、「尭《ぎょう》・舜《しゅん》は勢を得て治まり、桀《けつ》・紂《ちゅう》は勢を得て乱れた」と言っている。わたしは、それが誤りであるとは言わない。しかし、あなたのいう勢は、人の設けることのできる勢ではない。なるほど、尭・舜が生まれながらにして君主であれば、臣下に十人の桀・紂がいても乱すことができない。それは、勢が治まっているからである。一方、桀・紂が生まれながらにして君主であれば、下に十人の尭・舜がいても治めることができない。それは、勢が乱れているからである。そうであるから古語にも、「勢としてよく治まるようになっているときには、乱すことができない。勢として乱れるようになっているときには、治めることができない」とある。しかし、これは「自然の勢」のことで、「人の設ける勢」ではない。わたしの言う勢とは、人が設けることのできるものに外ならない。これさえあれば、賢者などに用はない。

（『韓非子』難勢篇）

『韓非子』は、「勢」には二つの「勢」がある、とします。一つは「自然の勢」、もう一つは「人の設けた勢」です。堯・舜や桀・紂が生まれながらにして天子としての勢を持っていても（舜は違いますが）、それは「自然の勢」であり、それを議論しても仕方がないとするのです。あくまでも、議論の対象は、「人が設けることのできる勢」であり、それさえあれば、賢者などは必要ないとするのです。いかがでしょう。説得力があるでしょうか。『韓非子』難勢篇の著者は、少し弱いと思ったのでしょうか。『韓非子』難一篇では、堯と舜を同時に褒める儒家の矛盾を指摘した「矛盾」の物語をここでも掲げていきます。

どうしてというと、こういう話がある。矛と盾とを売る人があった。自分の盾の丈夫さを自慢して、「どんな刃物でも突き抜けない」と言い、すぐさま今度は自分の矛を自慢して、「わたしの矛の鋭さは、どんな物でも突き抜きます」と言った。見物人がそれに対して、「おまえの矛でおまえの盾を突いたらどうなる」と尋ねたところ、売り手は返答できなかった。思うに、決して突き抜けない盾と、何でも突き抜く矛とは、その定義において両立できない。それと同じように、賢というものは、何物も禁じることのできない力を持っている（賢者は、言いたいことを言い、それを罰で脅すこともできない）。そして勢というものは、何物をも禁じることのできる道である（勢があれば、桀・紂であっても天子たりうる）。考えてみると、何物も禁じることのできない力と、何物も禁じることができる道とは、また矛と盾の譬えに等しい。つまり、賢と勢とが相容れないことは、明らかである。

（『韓非子』難勢篇）

矛盾という故事成語の説明に、『韓非子』難勢篇が使われることのないのは、「賢」と「勢」の矛盾が明確に説明できていないためでしょう。矛盾の説話を出されても、「賢人」であって「勢」を持つもの、「勢」を持たないものを場合分けして考えることができますから、「賢」と「勢」とは、必ずしも矛盾していません。

凡庸な君主のために

『韓非子』はそこで、尭・舜や桀・紂は特殊事例である、という形の棚上げを謀り、「勢」を論ずるのは、最も多い事例である中ほどの君主のためであると主張します。

そもそも尭・舜と桀・紂は、千世代（千×三十年）に一人ずつ出たとしても、まだ頻繁過ぎるほどである。世間一般の君主は、尭・舜と桀・紂の中ほどのところが絶えず現れている。わたしが勢を説くのは、中ほどの君主のためである。中ほどの君主は、上は尭・舜には及ばないが、下は桀・紂ほどでもない、法を守って勢位につけば治まり、法に背き勢位を去れば乱れる。今あなたの説に従い、勢を捨て法に背いて、尭・舜を待つとしよう。尭・舜が世に現われれば、よく治まるであろうが、これでは千世代乱れ続けて、一代だけ治まることになる。慎子のように、法を守り勢位について、桀・紂を待ったとする。桀・紂が現われれば、ようやく乱れるであろうが、それだと千世代治まって一代だけ乱れることになる。治まるのが千世代で乱れるのが一なのと、治まるのが一で乱れるのが千世代なのとでは、まるで駿馬に乗って反対の方角に馳せ去ったようなもので、たいへん隔たりがある。

（『韓非子』難勢篇）

『韓非子』は、このように述べて、三千年に一度現れる賢人を待つよりも、法を守り勢位につく君主の方が優れていると主張します。いま一つ説得力はありませんが、注意すべきは、法の主張において、凡庸な君主にも分かる簡単な法を公開すべきことを説いていたように、勢を用いる場合にも、凡庸な君主を前提として論を構築していることです。儒家があくまで、君主に徳を修めさせ、賢君に育て上げようとすることに対して、『韓非子』は君主に対する要求が高くありません。君主の個人的な能力に依拠しなくとも、法や勢や術を用いることで、君主に専制的な権力を集中させることを目指すものが、『韓非子』の思想なのです。

慎到の勢

そのため、続く慎到の擁護も、たいへん分かりやすい譬え話を用いています。

そもそも隠括《いんかつ》（弓などの歪《ゆが》みを矯正する道具）の法を棄て、度量の定まった数をなくせば、奚仲《けいちゅう》（車作りの名人）に車を作らせたとしても、輪一つもできやしない。褒《ほう》賞《しょう》による奨《すす》め、刑罰による脅しが無くして、勢を捨て法を投げ出せば、たとえ尭・舜が、一軒ずつ一人ずつ説いて廻《まわ》ったとしても、三軒の家すら治められまい。このように勢こそ十分に役に立つものであるのは、明白なのである。（あなたが）ぜひ賢人を待たなければ治まらないというのは、誤りなのである。

そもそも百日間食べないで、うまい米と肉を待っていたのでは、餓えた人は助からない。いま尭・舜のような賢人を待って、当世の民を治めようというのは、ちょうどうまい米と肉を待って、餓えた人を救おうというのと同じである。

また、あなたは、良い馬と丈夫な車でも、奴隷が御者になったのでは人に笑われ、（名御者の）王良《おうりょう》が御者になれば一日千里を行く、というが、わたしはそうは思わない。そもそも、泳ぎの上手な越《えつ》の人を待って、中原の溺れる者を救おうとすれば、越の人は泳ぎが達者だが、溺れる者は助からない。そもそも、昔の王良を待って、今の馬を御するのは、あたかも越の人を待って溺れる者を救うような話である。これまた叶《かな》わぬことである。……

あなたの言い方では、馬車を御するのに、王良でなければ、何も知らぬ奴婢に無茶苦茶をさせる外はなく、国を治めるのに、尭・舜でなければ、桀・紂に国を台無しにさせる外はないようである。これは、味といえば、飴や蜜の甘さでなければ、苦菜《くさい》か苦芹《にがせり》の苦さだけと言うのと同じである。これではいくら言葉を積み重ねたところで、道理から離れ去るばかりな両極端だけを述べた議論である。どうして、慎子の道理に叶った説を非難することができようか。

（『韓非子』難勢篇）

難勢篇における『韓非子』の「勢」の議論は、慎到の擁護に力点が置かれ、分かりにくい部分もありました。そこで、勢を説明しながら、具体的な事例も掲げている外儲説右篇上の議論を補っておきましょう。

勢の用い方

『韓非子』外儲説右篇上は、「経」にあたる部分で、「勢」について次のように述べています。

君主が臣下を治める方法は三つある。第一に、君主の勢によってもどうにも変えられない臣下は、これを除くこと。（第二は、君主の好悪を利用されない術、第三は、君主の術を阻む側近を除くことである。）師曠《しこう》（の民に恵めとの平公へ）の答えと晏子《あんし》の（恵みを施して田氏の力を抑えよという）説は、共に勢で治めるという容易な方法を捨てて、

（恩恵を実践する）困難な方法に頼ろうとするものである。これはあたかも車を捨てて徒歩で獣を追うようなものであり、災難を取り除く方法を心得ていない。難儀を取り除く方法は、子夏が『春秋』を説明した言葉の中にある。（子夏は）「よく勢を保持する者は、早いうちに姦計の芽をつむ」と言っている。

（『韓非子』外儲説右篇上）

『韓非子』は、勢で変化させせなれない臣下は排除すると宣言していますが、外儲説右篇上を通じて述べていることは、君主が勢を堅持することです。ここで具体的に掲げられている「勢」を用いられなかった師曠と晏子の事例と、勢を保持せよと言った子夏の事例を見ていきましょう。

師曠《しこう》は、晋《しん》の平公《へいこう》の太師《たいし》（お守り役）で、斉《せい》の景公《けいこう》が晋を訪ねて政治の心得を聞いたときに、民に恵むことを勧めました。晏子《あんし》は斉の宰相で、景公が田成《でんせい》氏に対抗するために民に恵むことを勧めました。『韓非子』は、ある人の言葉として、民を恵むことを勧めた二つの説話を次のように批判しています。

景公は（君主として）勢を用いることを知らない。師曠と晏子は、（君主を助ける者として）難儀を取り除くすべを知らない。そもそも狩りする人が、馬車に楽々と体を預け、六頭の馬の足を用い、（名御者の）王良《おうりょう》に車を扱わせれば、わが身は疲れずに、すばやい獣にも楽に追いつける。いま便利な車を捨て、六頭の馬の足と王良の馬を御す腕を使わずに、車を降り走って獣を追いかければ、（足の速い）楼季《ろうき》のような足があっても、獣に追いつくことはできない。良い馬と頑丈な車の力を借りれば、愚かな下僕でも悠々と追いつける。国とは君主の乗る車であり、勢とは君主の牽《ひ》かせる馬である。そもそも（景公は君主という）勢位に居りながら、民の人気取りする臣下（である師曠と晏子）を勢によって誅滅することなく、自分も（恩徳を積もうと）臣下と同じことをして民を奪い合った。これはみな君主の車に乗らず、馬の速さを借りず、車を捨てて降りて走る人々である。そのためにわたしは、景公は勢を用いることを知らない君主、師曠と晏子は難儀を取り除く方法を知らない臣下と言うのである。

（『韓非子』外儲説右篇上）

『韓非子』は、難勢《なんせい》篇でも、国を君主の乗る車、勢を君主の牽かせる馬に譬《たと》えています。難勢篇では、法令を手綱《たずな》や銜《くつわ》とし、刑罰を鞭《むち》とする、と補っていました。そうであれば、臣下は景公の乗る国という車を全速力で走らせるべく、馬である勢を操る法令と刑罰を景公に勧めなければなりません。ところが、師曠と晏子は、民に恵むことを景公に勧めます。これでは馬は進みません。このために、景公が勢を用いて、勢によって君主の権力を伸長させることを知らない師曠と晏子を誅殺すれば、景公の君主権力は強大化したはずであると『韓非子』は説いているのです。

勢の重要性

それでは、子夏《しか》は勢をどのように考えたとされているのでしょうか。

子夏《しか》（孔子の高弟）が言った、「『春秋《しゅんじゅう》』（魯の国の歴史書）の記録には、臣下が君主を殺し、子が父を殺した話が、何十となく載っている。すべて一朝一夕に起こったものでない。だんだんに積み重なってそうなった」と。およそ姦計というものは、長い間に行われて積もり積もる。積もれば力が強くなる。力が強くなると（君父も）殺すことができる。そうであるなら明君は早いうちにこれを絶ち切らなければならない。それなのに田常《でんじょう》（田成子《でんせいし》）が乱を起こしたことについては、だんだんに積もるきざしが見えていたのに、君主は罰しなかった。晏子《あんし》も君主に次第に上を凌ごうとする臣下を押さえるように勧めないで、君主にも恩恵を行わせた。このため（斉《せい》の）簡公《かんこう》は（田常に殺されるという）災難に遇ったのである。そうであるから子夏は、「よく勢を保持する者は、早いうちに姦計の芽をつむ」と言っているのである。

（『韓非子』外儲説右篇上）

子夏（卜商《ぼくしょう》）は、孔子より四十四歳年少の弟子で、孔子の死後、魏《ぎ》の文侯《ぶんこう》に招かれて、その師となっています。子夏の教え子には、兵家であり、法家の側面も持つ呉起《ごき》（呉子）もいます。また、韓非の師である荀子《じゅんし》は、儒家としては子夏の流れを汲みます。こうした道統《どうとう》（儒家としての学問の継承関係）があるため、ここでの子夏は、韓非の説そのままに勢を尊重しているのでしょう。しかし、儒家が『春秋』を尊重するのは、『孟子《もうし》』以降ですので、子夏が『春秋』を説くことはありません。それでも『韓非子』は、孔子の弟子の中で、最も自分たちに近い子夏の口を借り、勢の重要性を説かせて、君主権力の強化を目指しているのです。

このように、『韓非子』は、君主権力の淵源となるものとして「勢」を尊重し、「勢」を「法」と「術」を支えて推し進める、客観的・強制的な力と考えました。その起源は、慎《しん》到《とう》に遡《さかのぼ》りますが、『韓非子』は、自らの議論の中で慎到の弱点を掲げたうえで、「勢」を「自然の勢」と「人の設けた勢」に分け、凡庸な君主が「人の設けた勢」をどのように用いればよいのかに論点を絞ることにより、克服していきました。そして、君主の個人的な能力に依拠しなくとも、法や勢や術を用いることで、君主に専制的な権力を集中させる方法を示したのです。

「術」・「法」・「勢」の三つを申不害・商鞅・慎到から継承し、それを組み合わせて法家思想を集大成したのは韓非です。ただし、その理論的な完成は、韓非個人の力で成し遂げられたわけではありません。これまで見てきた韓非の自著以外の『韓非子』の篇を著していった韓非の後学たちの手によって、『韓非子』の思想は完成されたのです。かれらの営為は、秦の始皇帝の統一事業と並行して推進され、その統一後も、漢の成立後も続けられていきました。終章では、かれらの動きから、法家がやがて儒教に取り込まれていくまでを見ていきます。

終　章　韓非を継ぐもの

秦　律

韓非は、秦への使者となり、殺されました。しかし、韓非が集大成した法家の理論は、同門であった李斯《りし》に継承され、韓非を尊重した秦王政《せい》は、中国を統一して秦の始皇帝《しこうてい》となりました。

秦の法律は、たいへん厳格であったと司馬遷《しばせん》の『史記』には記されていますが、秦律《しんりつ》（律は刑法）は伝世せず、長い間その具体像が不明でした。一九七五年、湖北省《こほくしょう》雲夢《うんぼう》県睡《すい》虎地《こち》で発掘された秦代の墓から出土した千余枚の竹簡《ちくかん》（紙が普及する前に用いられていた竹製のふだ）により、それを窺《うかが》うことができるようになりました。被葬者は、喜《き》という人物で、治獄《ちごく》という県の司法官でした。出土した竹簡の内容は、律令の条文を記した「秦律十八種」など法律の抜き書き、「法律問答」など法の解説書、「語書《ごしょ》」など官吏の心得、「日書《にちしょ》」という占いの書、「編年記《へんねんき》」という簡単な年表でした。「編年記」には、昭王《しょうおう》四十五（前三〇二）年に喜《き》の生まれたことが記されており、今上《きんじょう》（始皇帝）四（前二四三）年までの記録があります。「睡虎地秦簡」に含まれる法律は、秦の中華統一以前のものですが、そこには秦の厳しい法治を見ることができます。

敖童《ごうどう》（まだ軍籍に付けられていない十七歳未満の男子）を隠匿し、罷癃《ひりゅう》（身体障害）の申告が不正確であったならば、里典《りてん》・伍老《ごろう》を贖耐《しょくたい》（財物や労役で償う正刑の代替刑）に処せ。

民が免老の年齢（である六十歳）に相当せず、あるいは免老の年齢に達していても申請に虚偽があったり、（申請に対して）詐欺を働いた者は、貲二甲《しにこう》（甲冑二領分の罰金）に処せ。里典・伍老が告発しなければ、それぞれ貲一甲（甲冑一領分の罰金）に処せ。伍人が告発しなければ、戸ごとに貲一盾《しいちじゅん》（盾一枚分の罰金）に処せ。以上の者をすべて遷刑《せんけい》（流罪）に処せ。

（「睡虎地秦簡」秦律雑抄　傅律《ふりつ》）

傅律《ふりつ》は、県尉《けんい》の管轄下にある兵役と中央や県の徭役《ようえき》に従事する者の戸籍に、「傅《つ》」けることを規定した法律です。秦は、商鞅《しょうおう》の変法以来、一人ひとりを什伍《じゅうご》の制により相互に監視させ、厳しく支配した、と『史記《しき》』に書かれていましたが、「睡虎地秦簡」により具体像が明らかとなったのです。

秦では、十七歳から六十歳までの男子は、身体に障害を持たない限り兵役が課されていました。それらの忌避を罰することを傅律は定めており、十七歳未満の男子を籍に付けず、あるいは身体障害の記録を偽った者があれば、伍の責任者である伍老と、その上に立つ里典は責任を負わされ、贖耐《しょくたい》という処罰を受けました。また、六十歳未満でありながら、軍役を忌避した場合には、当人が貲二甲《しにこう》という処罰を受けることはもとより、伍老と里典は告発を怠《おこた》れば貲一甲、伍の構成員は連帯責任で貲一盾《しいちじゅん》という処罰を受け、全員が遷刑《せんけい》（流罪）に処されました。

このように、秦は、たいへん厳しい法律により、民の一人ひとりを支配し、残らず兵役に取り立てて、六国平定の戦争に臨んだのです。秦軍が強力であったのは、法律に追い立てられた民が、連帯責任を負わされながら、戦いに駆り立てられたからなのでした。

のちに、秦を破って咸陽《かんよう》を占領した劉邦《りゅうほう》が、父老《ふろう》（里典たちの上位者）たちに、「人を殺す者は死刑にし、人を傷つける者と盗む者は罪に当てる」という「法三章《ほうさんしょう》」を約束して、熱狂的に支持された理由です。ただし、法三章で国家が統治できるはずはなく、劉邦を行政官として支えた蕭何《しょうか》は、項羽《こうう》に焼かれて燃え盛る咸陽《かんよう》から、法律を含む行政文書を運び出させました。そうして作られたものが漢律《かんりつ》です。

漢律もまた伝世せず、その内容は不明でした。一九八三年より湖北省江陵県張家山から出土した張家山竹簡に、「二年律令」と記された漢律が出土することで、漢律のあり方が見えてきました。漢律は、細かい相違があるものの、基本的には秦律を継承するもので、韓非の集大成した法家思想に基づいた律（刑法）が秦漢帝国を支える基本法になっていたことが明らかになったのです。

そうしたなか、韓非の法家思想も精緻になっていきます。本書で紹介した『韓非子』五十五篇そのものが、そうした変化を含むものでした。韓非の自著と近いと思われるものは、孤憤《こふん》篇、説難《ぜいなん》篇、和氏《かし》篇、五蠹《ごと》篇、顕学《けんがく》篇などに留まり、それ以外の諸篇は、韓非の後学がまとめたものと考えられています。本書でも取り上げたように、それらの中には、『老子《ろうし》』の思想を背景とする篇や、黄帝《こうてい》を理想の支配者とする篇がありました。そのため司馬遷《しばせん》の『史記《しき》』は、韓非の学を黄老に基づくと認識していたのです。

黄老と法

前漢《ぜんかん》の初めから武帝《ぶてい》期ごろまで、最も尊重された黄老思想は、「黄帝四経《こうていしけい》」などの中核となる書籍が伝世しませんでした。このため、黄老思想における法のあり方を具体的に理解できませんでした。一九七三年に、湖南《こなん》省長沙《ちょうさ》市芙蓉《ふよう》区馬王堆漢墓《まおうたいかんぼ》から出土した「馬王堆帛書《はくしょ》」(帛は絹で、そこに墨書した書籍)の中には、伝世本と篇の順序が異なる『老子』のほか、黄帝の名のもと思想を語る「経法《けいほう》」・「十六経(十大経)」「称《しょう》」「道原《どうげん》」の四篇が含まれ、それが失われた「黄帝四経」ではないかとされています。

「経法」の中には、黄老思想における「法」のあり方が次のように記されています。

道は、法を生じる。法とは、得失を定めるのに縄のような基準をつくり、曲直を明らかにするものである。このため道を執る者は、法を生じれば、あえて犯すことはない。法が立てば、あえて廃することはない。まず、自ら縄をひき、その後に天下を見知すれば、惑うことはない。（道は）虚にして形なく、衣服の縫い目のような門を備え、その門から万物を生成するものである。

（「馬王堆帛書」経法）

「経法《けいほう》」は、法を生じるものを「道」であるとします。その一方で、「道を執る者」も法を生じさせるとしています。その違いを考えるには、「道」とは何かを知らなければなりません。最後の文章で、道は、虚にして形がない、とか、門から万物が生成すると言われています。これは、『老子《ろうし》』第四章の、「道は空虚であって働いても常に（その働きが）一杯になることがない。奥深くて万物の根源のようである」という文章や、第一章の、「玄とされるものよりも、さらに奥深いところが、すべての物の妙が出てくる門なのである」という文章に基づいていることが分かります。すなわち、「経法」が法を生じると規定する「道」は、『老子』の道なのです。「道」は、万物を生成するものですから、実際に世の中で施行される法律（実定法《じっていほう》）ではなく、それを生み出す法源《ほうげん》、すなわち自然法《しぜんほう》であることが分かります。

韓非は、君主が法を定めるとしていました。その法源は、あくまでも君主です。その場合、君主が誤った場合には、訂正する術《すべ》がありません。「経法」は、「道を執る者」も法を生じさせると述べています。この場合の法は、世に通用する実定法と考えてよいでしょう。すると、法を生じさせる「道を執る者」は、君主となります。「経法」は、自然法の主体である『老子』の「道」と、実定法の制定主体である「道を執る者」（君主）という二種類の法を形成する主体を考えているのです。

「道」と君主との関係は、「道を執る者は、法を生じれば、あえて犯すことはない」、「法が立てば、あえて廃することはない」とされます。すなわち、君主は「道」を尊重するがゆえに、それに基づいて定めた法を犯したり、廃したりすることはないのです。

このように「経法」は、法源として『老子』の「道」を設定することで、君主が定めた実定法を恣意的に運用、改廃することを是正しようとしたのです。黄老思想は、法を重視する法家の思想を継承する一方で、万物の根源を道に求め、無為を尊重して、ありのままの現実を受け入れようとする道家の思想も兼ね備えているのです。秦の法律をそのまま継承した漢初の政治思想として、ふさわしい内容を持つものといえましょう。

劉邦の前漢建国を助けて「漢の三傑」の筆頭とされた蕭何《しょうか》を継いで、漢の丞相《じょうしょう》となった曹参《そうさん》、それを継いで丞相となった陳平《ちんぺい》、そして陳平の仕えた文帝《ぶんてい》（劉邦の子）のいずれもが、黄老思想を尊重しました。秦の法律尊重を継承しながら、無為を旨とする黄老思想は、春秋・戦国から項羽と劉邦までの争いに疲弊した前漢初期の国家と社会に休息をもたらす有益な思想だったのです。

儒教と法

『晉書《しんじょ》』刑法志《けいほうし》によれば、戦国魏の李悝《りかい》の「法刑《ほうけい》」六篇が商鞅《しょうおう》により伝えられたとされる秦律《しんりつ》は、睡虎地秦簡《すいこちしんかん》の「秦律十八種」が行政法規であるように、律（刑法）と令《れい》（行政法）とが未分化でした。黄老思想を伝える出土資料の「経法」には、『老子』の道を法源とする思想が見られましたが、張家山漢律《ちょうかさんかんりつ》には、儒教の経義が律の根本に置かれることは見られません。

これらに対して、最初の「儒教国家」となった後漢《ごかん》では、白虎観《びゃくこかん》会議が開かれて儒教が国教化された章帝《しょうてい》期（七五〜八八年）に、代々法律の専門家となっていた陳寵《ちんちょう》が、律令の根本を儒教《じゅきょう》に求めるべきであるとの提言をしています。

どうか三公《さんこう》（太尉《たいい》・司徒《しと》・司空《しくう》という三人の宰相）と廷尉《ていい》（裁判を担当する大臣）に、律令の経に応じ、義にかなって施行すべき法を集めさせ、大辟《たいへき》（死罪）は二百、耐罪《たいざい》（軽い刑、二歳刑以上）・贖罪《しょくざい》（財産を出して免れる刑）は二千八百、合わせて三千として、礼《れい》と対応させてください。

（『晉書』刑法志）

このように陳寵は、律令を儒教の経義に合うものだけとし、『礼記《らいき》』中庸《ちゅうよう》篇に「（聖人の道は）礼儀《れいぎ》は三百、威儀《いぎ》は三千」と記される、礼儀の下に置かれる「威儀」三千条にまで、律令の条項を減少させるべしと主張したのです。しかし、この実現よりも先に、陳寵が罪に触れて失脚したので、律令を経義に合わせることは沙汰止みになりました。後漢「儒教国家」では、律令の根本に儒教の経義が置かれることは、まだありませんでした。

三国曹魏《そうぎ》の明帝《めいてい》（曹叡《そうえい》、在位二二六～二三九年）は、律令につけられた儒者の解釈のうち、ただ鄭玄《じょうげん》の解釈だけを用いるように詔《みことのり》で定める一方で、陳羣《ちんぐん》たちに命じて「新律十八篇《しんりつじゅうはちへん》」という新たな法典を編纂させました。ちなみに陳羣は、潁川《えいせん》郡の出身ですが、ここは戦国時代の韓にあたります。韓非の伝統は、その出身地に根づいていたのです。

これに対して、西晉《せいしん》の武帝《ぶてい》（司馬炎、在位二六六～二九〇年）は、魏律《ぎりつ》は詳細に過ぎ、また鄭玄の解釈だけを用いることには偏《かたよ》りがあるとして、賈充《かじゅう》に命じて律令を改定することにし、魏律ではなく漢律を元として泰始律令《たいしりつりょう》を作成させました。泰始律令は、律（刑法）と令（行政法）が初めて明確に分けられた法典です。

しかし、泰始律令は散逸して、その全体像を把握することはできません。ただ、賈充との対立に端を発した庾純《ゆじゅん》の不孝問題によって、律令の適用とその根本原理である礼との関係を考えることができます。庾純は、賈充と不和で、賈充が司空《しくう》（宰相）を拝命した際の酒宴の席で口論となり、庾純の父が老いているのに在官したままで、孝を尽くしていないことを非難されました。これをめぐる朝廷の議論の中で、泰始令において、父母が八十歳以上の時には、子のうちの一人が在官せずに家にいて、親孝行のために親の面倒を見なければならない、と規定されていたことが分かるのです。このような令の規定は、儒教経典の『礼記《らいき》』王制《おうせい》篇に、「（父母が）八十歳になる者は、子の一人は政治に与《あづか》ってはならない。九十歳になる者は、その家を政治に与らせてはならない」とあることに依拠します。西晉「儒教国家」の泰始律令になると、律令の根本に『礼記』という儒教経典の経義を置いているのです。秦より継承した律令が、経典に典拠を持たないことを陳寵に批判された後漢「儒教国家」との違いをここにみることができます。

こうして、中国の律令は、儒教を法源とするようになりました。韓非が五蠹《ごと》篇で国家に巣くう虫と批判した儒教は、韓非が集大成した法家の理論を自らの思想の中に包含したのです。日本が継承する、隋唐《ずいとう》帝国に完成された律令体制を構成する律も令も、儒教を法源としています。韓非の法思想は、このような経緯により、東アジアの法体系の基本となっていくのです。

引用原典一覧

本文中に現代語訳で掲げた引用文の原典は次の通りである（一部は注釈書で定められた本文に依拠している）。

『韓非子』難一（王先慎『韓非子集解』中華書局、一九九八年）
『史記』刺客列伝（『史記』中華書局、一九五九年）
『史記』韓非列伝（『史記』中華書局、一九五九年）
『韓非子』孤憤篇（王先慎『韓非子集解』中華書局、一九九八年）
『韓非子』和氏篇（王先慎『韓非子集解』中華書局、一九九八年）
『韓非子』説難篇（王先慎『韓非子集解』中華書局、一九九八年）
『韓非子』有度篇（王先慎『韓非子集解』中華書局、一九九八年）
『荀子』王制篇（王先謙『荀子集解』中華書局、一九八八年）
『荀子』天論篇（王先謙『荀子集解』中華書局、一九八八年）
『韓非子』揚権篇（王先慎『韓非子集解』中華書局、一九九八年）
『韓非子』主道篇（王先慎『韓非子集解』中華書局、一九九八年）
『老子』第二十五章（楼宇烈『老子道徳経注釈』中華書局、二〇〇八年）

『韓非子』二柄篇（王先慎『韓非子集解』中華書局、一九九八年）
『韓非子』五蠹篇（王先慎『韓非子集解』中華書局、一九九八年）
『論語』子路篇（渡邉義浩訳『論語集解』早稲田大学出版部、二〇二一年）
『韓非子』内儲説篇上（王先慎『韓非子集解』中華書局、一九九八年）
『韓非子』定法篇（王先慎『韓非子集解』中華書局、一九九八年）
『春秋左氏伝』昭公 伝二十年（阮元『十三経注疏』北京大学出版社、二〇〇〇年）
『韓非子』内儲説篇下（王先慎『韓非子集解』中華書局、一九九八年）
『韓非子』顕学篇（王先慎『韓非子集解』中華書局、一九九八年）
『韓非子』定法篇（王先慎『韓非子集解』中華書局、一九九八年）
『韓非子』用人篇（王先慎『韓非子集解』中華書局、一九九八年）
『韓非子』解老篇（王先慎『韓非子集解』中華書局、一九九八年）
『韓非子』六反篇（王先慎『韓非子集解』中華書局、一九九八年）
『韓非子』飭令篇（王先慎『韓非子集解』中華書局、一九九八年）
『韓非子』難勢篇（王先慎『韓非子集解』中華書局、一九九八年）
『韓非子』外儲説右篇上（王先慎『韓非子集解』中華書局、一九九八年）
「睡虎地秦簡」秦律雑抄 傅律（工藤元男『睡虎地秦簡訳注』汲古書院、二〇一八年）
「馬王堆帛書」経法（沢田多喜男『黄帝四経―馬王堆漢墓帛書老子乙本巻前古佚書』知泉書館、二〇〇六年）
『晋書』刑法志（中華書局、一九七四年）

索　引

（韓非、『韓非子』は頻出のため省略した）

た　行

な　行

は　行

ま　行

や　行

ら　行

《著者紹介》

渡邉義浩（わたなべ・よしひろ）

1962年　生まれ。
1984年　筑波大学第一学群人文学類史学専攻卒業。
1991年　同大学院博士課程歴史・人類学研究科修了。文学博士。
　　　　北海道教育大学講師，大東文化大学教授を経て，
現　在　早稲田大学文学学術院教授，学校法人早稲田大学常任理事，
　　　　学校法人大隈記念早稲田佐賀学園理事長・校長。

『韓非子』入門

2024年9月10日　初版第1刷発行　〈検印省略〉

定価はカバーに
表示しています

著　者　渡　邉　義　浩
発行者　杉　田　啓　三
印刷者　坂　本　喜　杏

発行所　株式会社　ミネルヴァ書房
607-8494　京都市山科区日ノ岡堤谷町1
電話代表（075）581-5191
振替口座 01020-0-8076

冨山房インターナショナル・新生製本

ISBN 978-4-623-09758-6
Printed in Japan